AF368805

TRÉBOL DE ORO

10 HÁBITOS PARA CREAR TU PROPIA
'SUERTE' EN LAS VENTAS

CAROLINA RODRIGO FUENTES

Título: *Trébol de oro*
© 2019, Carolina Rodrigo Fuentes

Autoedición y Diseño: 2019, Carolina Rodrigo Fuentes

Primera edición: marzo de 2019
ISBN-13: 978-84-09-08826-3

Amado lector.

Antes de comenzar con este maravilloso viaje hacia una vida de más y mejores ventas, quiero recordarte que:

El propósito de este libro es dar lo mejor a las personas, para crear un mundo de vendedores con conciencia y valores, basándome en las tres A de un vendedor:

APRENDER, AYUDAR, AMAR

Su significado es el siguiente:

-APRENDER, (piensa) recordar quién eres, qué has venido hacer y por qué, a través de tus ventas, reconocer que el mundo de la venta es un aprendizaje continuo.

-AYUDAR, (vende) a través de tus productos o servicios estás ayudando a mejorar en algo, a tus clientes, a ti y al mundo.

-AMAR, (ama) vender desde el amor aportando el mejor servicio, dando lo mejor de ti "amándote", amando tus productos, y amando a las personas "clientes", el amor es lo único que existe y como dijo el autor de la famosa obra *El principito*, es lo único que crece cuando se reparte.

Tú puedes poner en práctica las tres A desde ahora mismo, ser una fuente de inspiración para quienes te rodean y dejar tu semillita, para crear un mundo de vendedores conscientes, porque TÚ Y YO vendimos en ÉL.

¿Cómo?

SÁCATE UNA FOTO CON EL LIBRO Y COMPÁRTELA EN FACEBOOK, INSTAGRAM Y TWITTER.

Puedes buscarme, etiquetarme y En el comentario de la foto puedes poner:

YO CREO MI PROPIA "SUERTE" EN MIS VENTAS ¿Y Tú?

Poniendo en práctica las tres A, estás activando **la segunda ley espiritual del éxito, Dar y Recibir,** lo que significa que, cuando entras en contacto con alguien, sé el primero en tratar al otro con amor y respeto, esto permitirá que recibas el mismo regalo o quizás más grande, es como una retroalimentación, una energía que se activa y te permite que, al ver los resultados, más la quieras aplicar. ¿No te parece esto maravilloso?

GRACIAS DE 

ÍNDICE

INTRODUCCIÓN

<u>LADRILLO A LADRILLO SE HACE UN CASTILLO</u>

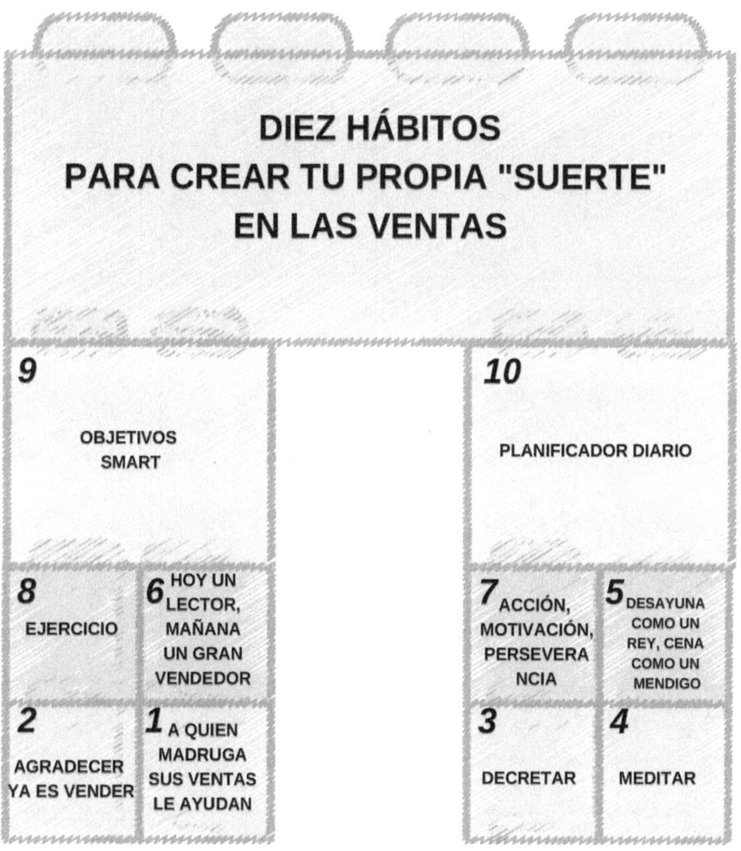

GRACIAS POR ESTAR AQUÍ.

Habitualmente se suele escribir los agradecimientos hacia las personas queridas en los libros. En este libro mis agradecimientos son exclusivamente para ti, porque si estás leyendo este libro para mí es una gran bendición, esto significa que sigues conmigo, confías en mí, has elegido estar aquí . El proceso ha permitido que este libro llegara a tus manos. Ahora bien, quizás haya sido de manera subconsciente, sin saber siquiera por o para qué ha sucedido. Parte de esto puede ser un misterio ahora mismo para ti, pero todo en esta vida tiene un porqué y un para qué.

Comencemos por tomar conciencia de que este libro ha llegado a tus manos en el momento perfecto. Tal vez te suponga algo extraño ahora, pero cuando lo termines y experimentes lo que en él vas a encontrar, no albergarás ningún tipo de dudas. En el universo todo es perfecto, todo sucede en el momento oportuno y nada, pero nada de lo que sucede en nuestras vidas, podría a ver sido de otra manera. Ni siquiera el detalle más insignificante, así mismo ocurre con tus ventas. Créeme todo tiene un orden divino y perfecto y si estas leyendo este libro es porque eres un vendedor muy especial, estas involucrado en aportar valor al mundo a través de tus ventas, abre bien los ojos, lee con atención porque en este libro encontrarás mensajes para ti, los cuales no solo te van a impulsar a vender más, si no mejor.

Por este motivo mi deber y obligación es ofrecerte una vez más, lo mejor a través del libro. Asimismo, darte la ENHORABUENA por creer y seguir trabajando en ti. Decir esto es fácil, pero lo verdaderamente complicado es ponerlo en práctica y si estás aquí conmigo significa que estas comprometido, con tus ventas, con tus sueños y con tu vida, continuar apostando por ti, es un acto de generosidad humanamente maravilloso, porque no puedes dar a los demás lo que no tienes, cree en ti, trabaja en ti, y solo así podrás dar lo mejor a los demás, a través de tus ventas productos o servicios y de todo lo que hagas en tu vida.

Si yo hubiera podido pedir un deseo en el momento que comencé a dedicarme a está profesión llamada ventas, sería la información que contiene este libro.

Por ello he escrito esta segunda parte del libro PIENSA, VENDE, AMA, donde te voy a contar la importancia de crear buenos hábitos para nuestras ventas. Un vendedor requiere de mucha energía para afrontar su día, debe transmitir pasión por su profesión y sus productos. Existen hábitos que nos pueden bajar el nivel de energía y otros que nos pueden ayudar a elevarla, a lo largo de la lectura de este libro te voy a mostrar los diez hábitos que a mí me han funcionado, te aseguro que si los pones en práctica todos los días, no solo conseguirás tener un nivel de energía superior, sino que además te sentirás alegre, motivado, feliz y sano.

Llevo practicando cada uno de estos hábitos más de tres años, gracias a ellos y todos los principios que expongo en mis libros, te puedo decir que cada día me siento mejor y mejor, tanto a nivel físico, como emocional. En todo este tiempo no ha pasado ningún día en el que no haya salido a vender con la motivación, alegría y entusiasmo necesario para poder disfrutar de esta gratificante profesión. Conforme voy practicando, mi motivación y nivel de energía van en aumento, incluso el estado de mi salud es muchísimo mejor que el de cuando tenía veinte años. Esto no quiere decir que a ti te vaya a pasar, el estado de salud puede influir en muchas otras cosas, pero lo que sí te puedo decir es que si practicas todos los principios mencionados en la edición anterior, más los diez hábitos que vamos a ver en esta, y si encima los refuerzas todos los días mediante los mensajes que puedes encontrar en el tercer libro, poco a poco aumentará tu energía. No hay ningún truco ni magia, esto es así, simplemente por el hecho de incorporar hábitos saludables en tu día a día y practicar algunas de las leyes universales mencionadas en toda la saga.

Mi propósito con este libro es incorporar nuevos hábitos saludables para tu rutina diaria en el área de las ventas, tratar de sustituirlos por aquellos hábitos que no te están ayudando a subir otro escalón y elevarte tanto en tu vida como en tus ventas. Pero el compromiso solo puede ser tuyo, no sirve de nada que leas este libro si después no lo pones en práctica, yo te puedo dar herramientas pero si después no las utilizas no conseguirás nada. Para ello debes de empezar por DECIDIR, sin importar lo que has venido siendo hasta ahora, lo que te hayan dicho que eres, lo que la sociedad quiere que seas, no importa el cliché que te hayan puesto. Es hora de decidir por ti mismo, es hora de saber que si lo que realmente te gusta es vender, tú puedes llegar a ser el vendedor que deseas ser. Aquí esta la clave para el éxito, DECIDIR quien eres y no cambiar de opinión, no importa lo que te digan, no importa las circunstancias externas, lo único importante eres tú y lo que has decidido SER, Amate, cuídate, valórate y conviértete en tu fan numero uno. Y si alguien te dice que, lo que tú quieres es IMPOSIBLE, agárrate a esa palabra como clavo ardiendo, es decir busca cualquier recurso o medio y por difícil que parezca demuestra como se hace. **La mejor venganza de un vendedor es vender más, más y más.**

¿Realmente estás dispuesto a comprometerte contigo y con tus ventas?

Escríbelo:

Es importante que lo escribas, porque al hacerlo le estarás mandando una orden a tu mente subconsciente que hará que inmediatamente se ponga en marcha para el logro de dicho objetivo.

Una vez lo tengas claro, debes ser persistente, los hábitos se forman a base de repetición, debes de repetir todos los hábitos una y otra vez, día tras día, hasta que estos se queden grabados en tu memoria como un disco duro. Poco a poco sin darte cuenta, estarás haciendo todo lo que te propongo y observarás cómo tu vida y tus ventas pasaran a ser un propósito y una pasión de tu día a día.

La base principal para crear hábitos es la repetición, y para no saltarnos ningún paso debemos de tener en cuenta las tres R.

RECORDATORIO, debes de acordarte y pasar a tomar acción, para ello puedes utilizar el amuleto TRÉ-

BOL DE ORO, está creado tipo anclaje para hacerte recordar cuál es tu misión, cuáles son los hábitos que debes de practicar y con ello poder llegar al objetivo.

RUTINA, debes tomar acción todos los días, hacer de estos hábitos una rutina diaria. Ten claro que ladrillo a ladrillo se construye el castillo, empieza desde abajo y haciendo uso de todas las herramientas, materiales y tiempo necesarios para la construcción de los objetivos.

RECOMPENSA. Debes de celebrar tus éxitos, date un aplauso, un abrazo, reconoce tu valor, felicítate. De este modo cada vez que pases a la acción tu cerebro lo asociara como algo positivo y esto te permitirá realizarlo con más ganas y entusiasmo diario, estás enviándole un recordatorio al cerebro de que vale la pena el esfuerzo. **Premiamos un hábito y dejamos otro.**

Ahora imagínate que parte de tu rutina diaria estuviera formada por buenos hábitos los cuales te permitirían vender más, pero sobre todo sentirte mejor contigo y con tu profesión de vendedor. Piensa en el día en el que todos estos hábitos ya no te supondrán ningún esfuerzo y llegarán a formar parte de tu rutina diaria.

Tu vida y tus ventas no volverán a ser las mismas, cada día serás mejor, mejor y mejor vendedor.

No me creas compruébalo por ti mismo.

¿Vamos?

Hace tres años soñé con un mundo de vendedores conscientes, donde las personas se relacionaran desde el amor hacia sus clientes, la comprensión, valores, respeto, un mundo donde nos enseñaran a vivir en el presente AQUÍ-AHORA, nos enseñaran a crear un paraíso de esta tierra, donde los vendedores y clientes se miren a los ojos, se comuniquen desde el alma, viendo más allá de lo que es un simple cliente, respondiendo desde el amor a las necesidades de cada uno, creando así un vínculo especial entre vendedor y cliente.

Este es mi sueño, unificado a mi pasión por las ventas, servir y ayudar a las personas, elevar la consciencia en este área. Podemos decir que los negocios no dejan de ser juegos espirituales, son procesos en los que uno ofrece sus servicios a cambio de algo y en consecuencia obtiene la abundancia, es decir mediante ellos estamos activando una de las leyes universales DAR Y RECIBIR. Cuando los negocios se realizan con el propósito de hacer un bien obteniendo beneficio por parte del conjunto, se está generando intercambios de energía, favoreciéndonos y prosperando a través de un bien común. Sé que en un principio puede sonar algo cursi, pero la verdad es la verdad, y la verdadera verdad de todo es EL AMOR, cuando haces las cosas desde ahí, nada malo puede surgir, independientemente de que estemos hablando de negocios, personas, o cosas la raíz es la misma.

Mi acercamiento es mostrarte que este mundo es el paraíso, tu profesión y tus ventas pueden formar parte de él, para ello tienes que saber que no existe ningún paraíso en ningún lado, el paraíso eres tú, y lo que tú decidas hacer con tu vida y tus ventas.

Sin Ventas No Hay Paraíso, Y El Paraíso Lo Creas Tú

Tu profesión como vendedor debe acompañarte. Para eso solo necesitas un poco de atención, estar espabilado, un poco de entendimiento hacia ti.

Así como los pájaros fueron creados para volar, las personas fueron creadas para amar, puedes amarte, amar tu trabajo, amar tus productos y a tus clientes. Vivir y vender sin amar es como cortarle las alas a un pájaro, es dejar de volar, esto es lo que puede provocar el dolor, la envidia, ira, resentimiento, ego… etc., hacia tus clientes, competencia, compañeros… puede hacerte olvidar para qué fuiste creado. Abrir tu corazón te guiará en la dirección correcta para encontrar tu propia luz y aprender a volar con tus clientes.

No hay nada más consciente que ayudar con tus productos o servicio, ayudar con ello a cuantas más personas mejor. Si tú sabes que tu producto es bueno y no lo estás ofreciendo al máximo número de personas, es porque no sabes hacerlo, no tienes buenos hábitos, tienes miedos o simplemente eres un egotista, esto puede sonar duro, pero es la verdad y si quieres aumentar tus ventas, la mejor forma de hacerlo es siendo generoso con tus productos o servicios.

Vayamos a ver la importancia que tienen los hábitos en nuestros resultados para nuestra vida y nuestras ventas. Muchas veces no prestamos atención a todo lo que hacemos durante el día, por la mañana nada más despertarnos, por la noche justo antes de irnos a dormir, vamos como robots sin pararnos a pensar si lo que estamos haciendo nos acerca a llevar una vida más placentera, nos ayuda a conseguir nuestros resultados, cumplir nuestros sueños y metas, o por el contrario nos aleja. Esto es de vital importancia para crear los resultados que queremos manifestar para nuestra vida y ventas.

¿Sabes por qué?

Porque muchas veces queremos llegar a un lugar, pero tenemos una serie de hábitos que no nos permite llegar a ningún lado. Dicho de otra forma, sabemos la teoría pero lo que más nos cuesta es la práctica.

Por ejemplo, imagina que quieres ir a un lugar determinado, pones en el GPS, este te va indicar el camino, pero si tú no accionas el botón de iniciar y no sigues las indicaciones correctas, darás mil vueltas y terminarás perdido, no llegarás al destino, y si llegas quizás ya sea un poco tarde, hayas consumido mucha energía y estés agotado.

A la hora de vender ocurre lo mismo, es súper importante que tengas buenos hábitos, porque dependiendo de qué tipos de hábitos tengas, conseguirás llegar a obtener unos resultados u otros.

Me he dado cuenta de que las personas que tienen éxito en sus vidas, tienen otro tipo de hábitos muy diferentes a las del resto de personas que aunque tengan muy buena intención, no llegan a conseguir lo que se proponen, porque sus hábitos no son los adecuados. El día que decidí que iba a ser una vendedora feliz, "una vendedora de sonrisa iluminada", comencé a leer, estudiar muchos libros, videos, conferencias, audios, cursos, quería saber los hábitos de grandes maestros y personas exitosas del mundo de las ventas que han dejado toda su sabiduría plasmada en ellos, comencé por preguntarme ¿qué es lo que hacen diferente? ¿qué es lo que les permite obtener esos resultados?, entendí que si quería cambiar y tener más éxito tenía que investigar a las personas que ya lo habían conseguido, saber qué es lo que estaban haciendo y sólo tenía que copiarlo.

Tardé poco en darme cuenta de que los hábitos que tenía no es que fueran ni buenos ni malos, simplemente que ya no me servían para lograr ciertos objetivos, y comencé a escuchar a otro tipo de personas exitosas, comprendí que tenían una mentalidad totalmente diferente al resto de la gente, que a diferencia de ellos no consiguen nada o simplemente se mantiene durante años, incluso una vida entera en el mismo lugar, repitiendo las mismas situaciones una y otra vez. ¿Te ha pasado de volver a un lugar donde hacía años que no ibas y ver a las mismas personas en el mismo sitio, haciendo y diciendo las mismas cosas, quejándose una y otra vez de como está el mundo? Existen más personas de las que imaginamos y no digo que sea ni bueno ni malo, pero sí un poco aburrido, sobre todo cuando entiendes el gran poder que tienes y lo que puedes llegar a aportar al mundo a través de ti, cuando entiendes esto no te conformas con permanecer siempre en un mismo lugar donde no estás aportando valor a nada, ni a nadie ni siquiera a ti. Todo es respetable y cada alma tiene su proceso, simplemente es decisión de cada uno. Pero lo que si que quiero que entiendas es qué todos, absolutamente todos somos seres y personas potencialmente exitosas, todos tenemos UN GRAN PODER DE VENDEDOR.

Cuando descubrí los hábitos y mentalidad tan diferente de las personas exitosas decidí copiarlos, comencé a cambiar mis hábitos por otros que iba descubriendo y en los que la mayoría de personas de éxito coincidían.

Después de algunos años practicando ciertos hábitos, y experimentado cambios positivos en mis resultados de ventas, pero sobre todo en mí, en la forma de cómo me tomo la vida y las ventas, en la paz, tranquilidad y bienestar que siento ahora, he decidido plasmarlos en este libro pensando en que si a mí me han ayudado, quizás puedan ayudarte a ti también a subir un escalón más en el área de tus ventas y tu vida. Se trata de desarrollar habilidades y potencialidad mediante ellos, para vender con consciencia orientándonos hacia las necesidades, tanto nuestras como de nuestros clientes, permitiéndonos obtener mejores resultados de ventas, así como también la generación de lazos más largos y fortalecer las relaciones profesionales y personales, con tus clientes y con tu familia.

Si recuerdas mi historia de superación personal, recordarás cómo a través de todos los desafíos llegó una gran bendición, la vida me hizo el regalo de ser vendedora y gracias a esta maravillosa profesión, crecimiento personal y a mi capacidad de aprendizaje continuo me fui transformando. Para que entiendas mejor por qué escribo sobre mi filosofía para vender con valores, y como volví a recuperar la fe. Quiero contarte algo…… el día que comenzó mi gran desafío personal, cuando me enteré de todo lo ocurrido con mi expareja, esa mañana había salido a comprar con mi madre al mercado central de Valencia, saliendo del mercado justo enfrente hay una iglesia, y en aquel entonces no sabía muy bien por qué, pero le dije a mi madre ¿entramos? Desde que me casé no había vuelto a entrar en ninguna, pero ese día algo me llamó a entrar. Recuerdo quedarme mirando a la Virgen y sentir una energía especial, la miré y le di las gracias por todo lo que ya era. Horas después cuando llegué a casa, comenzaron a pasar todos los sucesos por los cuales fui cayendo en aquel pozo oscuro, es decir que en pocas horas pasé de estar feliz y tener la vida que siempre había soñado a estar hundida en un pozo sin fondo del que no veía salida. No entendía nada, y lo primero que hice fue buscar culpables, y como por la mañana había estado en la iglesia, ahí encontré a mi primer culpable la Virgen, Dios y todo lo relacionado con ellos, ¡claro! Típica pregunta ¿si Dios existe, por qué permite ciertas cosas? Hasta que después de algunos años, trabajar en mí, porque seguía sin entender y sabía que en el fondo de aquel pozo tenía que haber agua clara, encontré todas las respuestas, el mismo Dios, energía, universo, virgen… como lo quieras llamar me las dio. Entendí que todo lo que me había ocurrido era para aprender y me estaban preparando para algo muchooooooo mejor, y no me refiero de bienes materiales, sino mejor interiormente, mejor persona, más felicidad interior, más amor interior, más amor hacia los demás, más de todo lo que tenía reprimido y no me permitía ser yo. Cuando conseguí ver y sentir todo esto, sentí que hay una energía superior que nos guía, siempre hacia algo mejor, que todos nuestros desafíos son pruebas que nos mandan para que a través de ellas aprendamos a ser mejores, lo que ocurre es que no nos paramos a sentir, ver y escuchar, nos es más cómodo desconectarnos de todo, buscar culpables para así no tener que enfrentarnos a nosotros mismos, miedos, carencias, falta de amor... Con todo esto lo que te quiero preguntarte es:

¿En qué momento te desconectaste tú de la fuente, energía , Dios, universo? Piénsalo.

¿Por qué? Piénsalo.

¿Qué es lo que no quieres reconocer y aprender? Piénsalo.

Atrévete a mirar un poco más allá de la racionalidad y te aseguro que encontrarás todas las respuestas, te sorprenderás de todos los secretos que guardamos en nuestro interior y no queremos ver, ¿sabes? La tarea más difícil del ser humano es pensar, por eso dejamos que los demás piensen por nosotros y no nos paramos a hacernos las preguntas adecuadas, es muy difícil y agotador encontrar las respuestas, pero te aseguro que es lo único que te va a dar la auténtica libertad, la responsabilidad es tuya, de nadie más, cuando te haces cien por cien responsable de TODO lo que ocurre en tu vida, cuando sabes que nada externo a ti puede hacerte daño a menos que tú lo permitas, cuando entiendes que hay una energía superior que te guía siempre a conocer la verdad ESTO ES LA AUTÉNTICA LIBERTAD.

Si todo esto que te he contado te resulta difícil de entender, es normal, la mente se resiste cuando tocas creencias, pero estas son las que precisamente más te detienen a la hora de cumplir sueños, objetivo o metas.

Una buena pregunta que puedes hacerte para saber si estás viviendo por y para ti, si eres responsable de ti, de tu vida y de tus ventas, o por el contrario vives por y para las expectativas de los demás o lo que es peor esperando que alguien te solucione las papeletas, es:

¿lo que estás haciendo ahora con tu vida te está alejando de tus sueños o te conecta a ellos?

¿Estás vendiendo por pasión o porque te va a dar algo para comer?

Quiero que entiendas algo, y es que si tú no vendes por tus sueños, alguien venderá por los suyos. Lo que quiere decir que lo que tú estás pensando, lo que tú quieres hacer y vender, si lo has pensado es porque ya existe, es una energía que ya se ha creado, de otra manera no lo habrías pensado, entonces si tú lo has pensado, es porque se te está dando la oportunidad y si tú no lo haces, pasará a otra persona, al siguiente de la lista, así hasta que alguien lo hará y después te preguntarás ¿por qué, "unos sí y otros no, es injusto", "Dios no existe", "todo es casualidad", "unos nacen estrellas y otros estrellados"? Ves como las oportunidades están ahí para todo el mundo, pero no todo el mundo está dispuesto a aprovecharlas, tomando acción inmediata. Otra de las cosas que suele paralizar a muchos vendedores, es la idea de que creen que se tienen que sentir preparados para salir a vender, se quieren sentir desde el primer momento confiados, con sus tarjetas, todo controlado, saberse todos los productos a la perfección, todas las respuestas, el discurso de presentación… etc. La realidad es que nada de esto es cierto, no hace falta estar preparado, te preparas haciéndolo, la única preparación que tienes que tener está en tu mente, sal a vender con la idea de que ya eres un buen vendedor, solo tienes que pensar, moverte, hablar y actuar como tal, es un acto de decidir ser, experimentar lo que ya sabes, poco a poco irás recordando, y digo recordando en lugar de aprendiendo porque todo lo que tienes que hacer tú ya lo sabes, de otra manera no estarías en ese lugar vendiendo aquí y ahora, como bien sabes todos nacemos con grandes habilidades las necesarias para ser un gran vendedor, pero algunos las han olvidado, se han desconectado de su verdadera esencia, creando personajes de su propio ser. ¿Y qué ocurre si te equivocas en algo o no sabes defenderte ante un cliente? Absolutamente nada, siempre puedes actuar con naturalidad y explicarle tu postura al cliente, seguro te va a entender. Recuerdo el primer día que salí a vender, no estaba preparada para nada, no tenía ni tarjetas, iba con las de mi compañero, tachaba su nombre y al lado escribía el mío. Un día llamó un cliente a la empresa diciendo que una chica se había hecho pasar por el… jejeje. La mayoría de personas dejan de hacer muchas cosas por el miedo a no estar preparados, pero la realidad es que uno se prepara haciéndolo, es bueno que te formes y cuanta más formación mejor, pero cuando realmente se aprenden las cosas es experimentando. Esto es como cuando uno quiere ser padre y se espera a estar preparado, "este momento nunca llega" porque realmente uno no sabe a lo que se va a encontrar hasta que se enfrenta a ello.

Cambiar mi vida radicalmente, no fue fácil, por el camino me encontré muchísimos obstáculos, y desafíos, pero conforme fui cambiando mi mentalidad y mis hábitos todo se iba acoplando, como cuando estás montando un puzle, vas poco a poco separando las piezas por colores, formas primero las esquinas, los bordes, después el centro, así es como continúo formando mi vida y mis clientes van y vienen, van encajando en mi puzle.

Me parece muy curioso, cuando las personas ven a un vendedor que tiene éxito, el típico comentario es el de que "tiene mucha suerte", esto es muy común en las personas, lo que ocurre es que solo se fijan en el resultado final, no en el esfuerzo, dedicación, constancia, mentalidad, tiempo… que emplean esas personas para conseguir el éxito. Pero cuando realmente coges las riendas de tus ventas y decides ir a por el éxito, entonces es cuando te das cuenta que no es cuestión de suerte, es mucho más, las personas que lleva una vida de plenitud en las tres áreas de su vida, salud, dinero y amor, son personas que han trabajado muy duro, consciente o inconscientemente, en sus metas y crecimiento personal, lo que quiere decir que no es que tenga más o menos suerte que otro, sino que se han esforzado y preocupado por su bienestar. Créeme, esto supone un gran esfuerzo y dedicación todos los días de sus vida, el éxito no viene de la noche a la mañana, viene por una acumulación de buenos hábitos, los cuales les permiten crecer, hacen de los hábitos una forma de vida, no dejan nada al azar saben que la responsabilidad es suya, saben que con consistencia, perseverancia pueden llegar a la meta, la prioridad para ellos no es la comodidad, es el compromiso de estar dispuestos a hacer lo que sea necesario para llegar al objetivo, con esta actitud llega el momento en que su incomodidad se convierte en comodidad, ¿parece extraño, verdad? Dejemos de mentirnos porque la realidad es así, cuando llegas a un nivel de ventas es imposible estar "cómodo" de la manera en la que la mayoría de personas conocen la comodidad. No sé si has tenido la oportunidad de conocer algún vendedor de esos que, cuando están parados se sienten incómodos, enseguida buscan algo para hacer, ingenian mil y una para ir a visitar, hablar, reunirse, se inventan cualquier cosa con tal de vender, siempre están buscando oportunidades, esto ocurre porque se han acostumbrado a un nivel de energía y ventas superior, se sienten cómodos en estas circunstancias, lo que hace que ellos mismos se empujen, en lugar de bajar el nivel y adaptarse a las circunstancias. Lo que hacen es crear nuevos retos, situaciones, momentos, experiencias, para mantenerse en ese estado, poco a poco van aumentando sus ventas, van subiendo de nivel, nunca bajan. Y así es como la bola de nieve se va haciendo cada vez más y más grande.

Puede ocurrir que una persona tenga un golpe de "suerte" en algún momento, por ejemplo alguien que le toca la lotería, pero está demostrado que las personas a las que les toca la lotería en un periodo de 5 años o menos, continúan en el mismo estado de antes o peor, esto sucede porque no tienen la mentalidad adecuada para mantener ese nivel de vida, porque a veces, recibir mucho dinero hace que este se consuma sin ningún tipo de control, cambiando radicalmente el tipo de vida, empezando a gastar como si no hubiera un mañana, e incluso adquiriendo deuda para poder mantener los nuevos hábitos, lo mismo ocurrirá con el vendedor que por un golpe de suerte se encuentre con un cliente potencial, si este no tiene unos buenos hábitos y habilidades comerciales, con el tiempo terminará igual o peor que antes, por eso este éxito no es duradero. Lo que quiero decir es que nadie llega al éxito duradero de un salto, todo éxito contiene fracasos, estos fracasos te aportan algún aprendizaje para llegar a la cima. Consigas lo que consigas, para poder mantenerlo tienes que crear unos hábitos adecuados acordes a la mentalidad, y esto es así para cualquier área de la vida.

¿Entonces existe la suerte?

CAPÍTULO I

LA SUERTE

Leyenda -Lao Tse-

¿BUENA SUERTE, MALA SUERTE?

Hace muchos años, en una pobre aldea china, vivía un labrador con su hijo.

Su único bien material, aparte de la tierra y de la pequeña casa de paja, era un caballo que había heredado de su padre.

Un buen día el caballo se escapó, dejando al hombre sin animal para labrar la tierra.

Sus vecinos, que lo respetaban mucho por su honestidad y diligencia, acudieron a su casa para decirle lo mucho que lamentaban lo ocurrido.

Él les agradeció la visita, pero preguntó:

-¿Cómo podéis saber que lo que ocurrió ha sido una desgracia en mi vida? Mala suerte, buena suerte… ¿quién sabe?

Alguien comentó en voz baja con un amigo:

"Él no quiere aceptar la realidad, dejemos que piense lo que quiera, con tal de que no se entristezca por lo ocurrido".

Y los vecinos se marcharon, fingiendo estar de acuerdo con lo que habían escuchado.

Una semana después, el caballo retornó al establo, pero no venía solo:

traía una hermosa yegua como compañía.

Al saber eso, los habitantes de la aldea, alborozados porque solo ahora entendían la respuesta que el hombre les había dado, retornaron a casa del labrador, para felicitarlo por su suerte.

-Antes tenías solo un caballo, y ahora tienes dos. ¡Felicitaciones! -dijeron.

-Muchas gracias por la visita y por vuestra solidaridad -respondió el labrador.

-¿Pero cómo podéis saber que lo que ocurrió es una bendición en mi vida? Buena suerte, mala suerte... ¿quién sabe?

Desconcertados, y pensando que el hombre se estaba volviendo loco, los vecinos se marcharon, comentando por el camino:

"¿Será posible que este hombre no entienda que Dios le ha enviado un regalo?".

Pasado un mes, el hijo del labrador decidió domesticar la yegua.

Pero el animal saltó de una manera inesperada, y el muchacho tuvo una mala caída, rompiéndose una pierna.

Los vecinos retornaron a la casa del labrador, llevando obsequios para el joven herido.

El alcalde de la aldea, solemnemente, presentó sus condolencias al padre, diciendo que todos estaban muy tristes por lo que había sucedido. El hombre agradeció la visita y el cariño de todos. Pero preguntó:

-¿Cómo podéis vosotros saber si lo ocurrido ha sido una desgracia en mi vida? Mala suerte, buena suerte… ¿quién sabe?

Esta frase dejó a todos estupefactos, pues nadie podía tener la menor duda de que el accidente de un hijo era una verdadera tragedia.

Al salir de la casa del labrador, comentaban entre sí:

"Realmente se ha vuelto loco, su único hijo se puede quedar cojo para siempre y aún duda que lo ocurrido es una desgracia".

Transcurrieron algunos meses y Japón le declaró la guerra a China.

Los emisarios del emperador recorrieron todo el país en busca de jóvenes saludables para ser enviados al frente de batalla.

Al llegar a la aldea, reclutaron a todos los jóvenes, excepto al hijo del labrador, quien tenía la pierna rota.

Ninguno de los muchachos regresó vivo.

El hijo se recuperó, los dos animales dieron crías que fueron vendidas y rindieron un buen dinero.

El labrador pasó a visitar a sus vecinos para consolarlos y ayudarlos, ya que se habían mostrado solidarios con él en todos los momentos.

Siempre que alguno de ellos se quejaba, el labrador decía:

"¿Cómo sabes si esto es una desgracia?" Si alguien se alegraba mucho, él preguntaba: "¿Cómo sabes si eso es una bendición?".

Mala suerte, buena suerte… ¿quién sabe?

Y los hombres de aquella aldea entendieron que, más allá de las apariencias, la vida tiene otros significados.

Lo que yo pienso es que la vida es movimiento y hay que amarla tal como es.

Las decisiones, los fracasos, los éxitos, los clientes, los compañeros, la competencia no son ni buena, ni mala suerte. Las apariencias nos engañan, todo puede ser para bien, no puedes controlar los acontecimientos, pero sí puedes decidir cómo ver las situaciones. Puedes mirar el lado positivo o el negativo, de ti depende la respuesta personal a lo que acontece, a lo que llega y a lo que se va, es lo que importa, más que las circunstancias. Lo importante del camino es recorrerlo.

¡Que el mundo de las ventas agradezca tu presencia! La buena y la mala suerte son ideas de la mente.

Bajo mi punto de vista, la suerte no existe, la suerte la creas TÚ. Y esto es algo que también puedo decir bajo mi propia experiencia. Han sido muchas personas las que en ocasiones me han comentado sobre la suerte que tuve cuando comencé a vender, porque solamente se fijan en el resultado final. Pero la realidad es bien distinta, y es que no saben que en una de las peores épocas de mi vida, cuando me encontraba en el fondo del pozo, cuando no tenía ganas ni de levantarme de la cama, ni de vestirme, ni de hablar con nadie, ni mirar a nadie a los ojos… saqué todas las fuerzas de lo más profundo de mí y decidí no solo salir a buscar trabajo, sino que además de entrar en una empresa simplemente a dejar un currículum, como harían la mayoría de personas, entré a preguntar por el jefe, la chica de recepción me interrogó y su primera contestación fue ¡ahora no te puede atender! Le dije: No te preocupes, me espero un rato, es importante para mí poder hablar con él. Ahí tiré de unos hilos y le dije que era amiga de un amigo suyo, me las ingenié para que me atendiera "esto es lo que hace la necesidad, porque o encontraba trabajo o el pozo se iba haciendo no más hondo, porque al fondo ya había llegado, pero sí cada vez más oscuro". Cuando por fin pude hablar con el jefe, le comenté mi situación, le dije que estaba dispuesta a realizar cualquier tarea, pero que por favor si tenía algún puesto libre contara conmigo, que no lo iba a defraudar. Me dijo que en ese momento no tenía ningún puesto bacante, pero que lo tendría en cuenta, seguidamente le entregué mi currículum y ya no volví a pensar más en ello "lo solté" sabía que ya no podía hacer más, que el resto ya no estaba en mis manos. A la semana siguiente me llamó. Puedes ver cómo me creé mi propia suerte ¿cuántas personas pasan por grandes desafíos y se quedan ancladas en el dolor? ¿Cuántas personas salen a buscar trabajo y se conforman con dejar el currículum, creyendo que ya han cumplido? ¿Cuántas personas se ofrecen a hacer lo que sea necesario y aportar todo lo posible a la empresa donde están pidiendo trabajo? Te puedo asegurar que los milagros existen, que la vida igual que te lo quita todo, te lo da, porque en realidad no te quita nada, es más te está dando. Pero tú tienes que hacer tu parte, no puedes dejar tu vida al azar, solo cuando tú pones todo lo necesario de tu parte, estás creando el milagro, estás creando esa energía que hace que todo se mueva para que el universo entienda y pueda actuar en consecuencia con lo que quieres, por eso cuando quieras conseguir alguna venta, debes aprender hacer todo lo que sea necesario, sin llegar a la preocupación, es decir que cuando sientas que ya has hecho todo de tu parte "suéltalo", no presionar a nadie y mucho menos a ti. Manteniendo siempre los valores que debe de tener un vendedor, los valores siempre tienen que estar por encima de las necesidades.

No te conformes con menos de lo que puedes llegar a ser, tener, vender y amar en esta vida.

Busca la excelencia, que no es otra cosa que abrir tu corazón al ser y a vender.

Conviértete en un vendedor con una actitud mental positiva, es decir, antes de entrar en un cliente puedes repetirte frases como:

"VOY A VENDER, VOY A VENDER"

De esta manera estarás mandando energías positivas y avivando la ley de la profecía autocumplida o efecto Pigmalión, de la que ya te hablé en el primer libro PIENSA, VENDE, AMA. Que dice que aquello que esperamos de nosotros mismos o de los demás, termina convirtiéndose en realidad.

Otra forma de crear tu propia suerte, puede ser teniendo una cantidad de contactos en tu cartera, contactar todos los días con innumerables clientes y fruto de ese trabajo, obtendrás más clientes.

También puedes crear tu suerte siendo un vendedor de gran experiencia, que se preocupa por aprender de su negocio, aprender de sus clientes, observar el lenguaje corporal, realizar preguntas claves, aprender a escuchar detenidamente las necesidades de los clientes, observar los clientes potenciales y valorar si su perfil entra en el segmento de mercado, realizar una presentación profesional tanto suya como de la empresa y producto que ofrece para finalmente cerrar la venta.

Todo esto que algunas personas conocen como SUERTE en realidad tiene todo un trabajo por detrás, horas y horas de formación, presentaciones, visitas, lecturas, crecimiento personal, confianza en sí mismo, riesgos… etc.

De aquí también la importancia de saber rodearte de las personas adecuadas, aquellas que conocen y saben el precio del éxito, ese es el principal motivo por el que no pensarán que tuviste suerte, ellos saben más que nadie que el éxito cuesta, que estar en equilibrio en las tres áreas, salud, dinero y amor, es un trabajo continuo y supone mucha dedicación. Por eso os apoyaréis, motivaréis, entenderéis y crearéis un vínculo especial, con esto estaréis generando **la fuerza del equipo maestro**, una energía superior que puede haceros llegar mucho más rápido a cumplir con vuestros objetivos y ventas. Si la energía de una persona puede "mover montañas" imagínate cuando se junta un grupo con energías, ideas, actitud, compromiso, creatividad, ganas… esto puede llegar a mover "el Everest".

Para eso creé el grupo de vendedores comprometidos, un grupo creado para ayudarnos y no contaminarnos. Si todavía no estás en él puedes hacerlo en la página de Facebook PIENSA, VENDE, AMA. Serás bienvenido, únete a este sueño de vendedores con una actitud positiva, con ganas de Aprender, Ayudar, Amar. No es muy común poder rodearte de personas con esta actitud, por lo menos es algo que a mí me pasaba, pero tú ahora tienes la oportunidad, no la dejes escapar.

Crea Tu Propia Suerte...... ¡Ponte A Vender!

Ya sabes lo que es la suerte, vámonos a por los diez hábitos que pueden hacer que la "SUERTE" conspire SIEMPRE a tu favor.

Aunque….. ¿Quién sabe?

Buena suerte, o mala suerte.

El tiempo lo dirá.

LOS DIEZ HÁBITOS DE UN VENDEDOR EXITOSO.

El mundo está en constante evolución, no hay nadie que pueda negarlo, lo seres humanos nos cuesta cambiar los hábitos y adaptarnos a los cambios, pero no hay ninguna duda de que necesitamos nuevas ideas para adaptarnos con éxito y liderar.

En el mundo del vendedor cada segundo está lleno de estrés, en cada llamada intentas dar lo mejor de ti, intentas tener nuevos clientes potenciales, haces lo posible por vender, pero a menudo ves que tus mejores clientes se han ido a la competencia, pasan los días y solo tienes en tu mente, palabras, números, cifras, pero esto no es todo porque cuando sales del trabajo, también tu familia, la casa… etc.

Si eres vendedor profesional, como si no, probablemente esto te suene familiar.

¿Correcto?

Cuando las ventas llegan a ser muy competitivas controlar el estrés llega a ser algo muy importante en la actualidad, si no lo controlas puede ser un gran problema. El estrés es nocivo para la productividad, para tus relaciones, y sobre todo para tu salud, puede llevarte a un estado de ansiedad que si no la mantienes bajo control, esta te puede causar daños más fuertes que el estrés en sí. Cuando esto ocurre, significa que estás viviendo en exceso, estás causando potenciales excesivos porque estás dándole exceso de importancia.

La importancia es la principal fuente de desequilibrio. Cuando la vives en exceso es causante de problemas. Estás implicado con sentimientos y pensamientos de lo que ocurre en tu vida, tanto interior como exteriormente. Existe una ley denominada LEY DEL EQUILIBRIO que dice que en el universo existe un balance natural sobre todas las cosas, nuestro cuerpo forma parte de la naturaleza y como todo en la naturaleza funciona con los mismos principios, lo que quiere decir que si le das un exceso de importancia a algo estarás desequilibrando la balanza y esto hará que se ponga en acción las fuerzas equiponderantes, que es un mecanismo que se activa cada vez que se produce un potencial excesivo hacia uno de los lados de la balanza tratando de equilibrar llevándolo al otro extremo para luego volver al centro.

Sabiendo esto, ahora puedes entender por qué cuando todas tus ventas parecen ir bien, tienes una buena racha, te llueven los pedidos, todo va rodado, cierras la venta que tanto estabas esperando, todos hemos sentido esa emoción después de cerrar esa venta, ese subidón de energía que se genera en nuestro interior y no podemos disimular la alegría que sentimos, tenemos ganas de gritarlo a los cuatro vientos.....de repente pasa algo y empieza a fastidiarse el día. Y dices algo así como ¡ya sabia yo que era demasiado bonito! Y no es que no pueda ser bonito, lo puede ser incluso más, lo que ocurre es que no solo has provocado un potencial excesivo si no que además lo has atraído por el principio del mentalismo, porque aunque en la realidad estaba pasando algo bonito, en tu inconsciente no te lo podías creer, con lo que ya lo estabas pensando ¡demasiado bonito para ser verdad! todo esto ha hecho que provoques un potencial excesivo a nivel energético y nivel físico que ha hecho que las fuerzas equiponderantes te llevaran al lado opuesto.

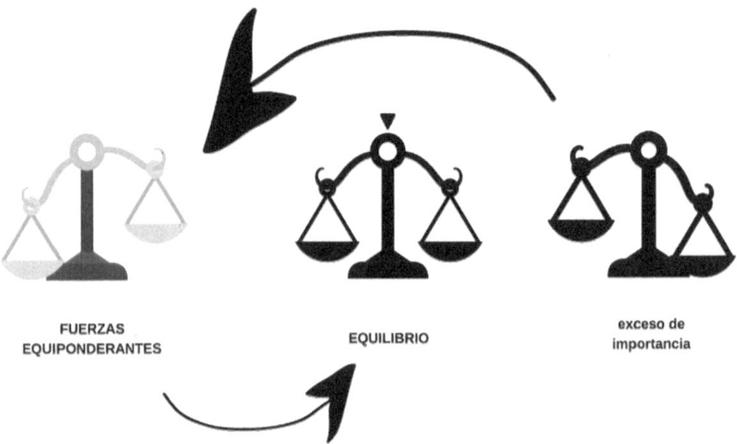

Basta con el estrés que tienes para intentar llegar a los objetivos, las noticias de prensa o televisión, que te hacen partícipe de guerras, enfermedades, catástrofes, desempleo, desahucios, etc. Estas noticias producen miedo, y este sentimiento emite una energía mental, la cual hace que crees más de eso en tu realidad.

También hay otros sentimientos tales como felicidad, valentía, satisfacción, tranquilidad, gratitud, ilusión, etc. Que aunque los denominas como buenos si los sufres en exceso o defecto te pueden llevar también al desequilibrio.

Para que esto no ocurra, simplemente tienes que disminuir la importancia.

Tienes que tomar conciencia de si lo que estás es sobrevalorando, dándole demasiada importancia a lo que está ocurriendo en tu exterior o lo que estás pensando en tu interior.

Para estar en equilibrio con tus ventas también es importante que estés en coherencia contigo y así conseguirás dar más credibilidad a tus clientes, esto quiere decir que lo que piensas sobre las ventas, lo que dices a tus clientes, como lo dices y lo que haces, tiene que estar en armonía para que el mensaje llegue a la mente de tu interlocutor positivamente.

Aprende A Acatar El Principio Del Equilibrio En Todo

A través de mi experiencia, te voy a contar mis diez hábitos más eficientes para combatir el estrés y conseguir objetivos, pienso que un vendedor debe desarrollar nuevas habilidades y mejores actitudes.

Miles de vendedores no llegan a sus objetivos de ventas, no por falta de capacidad, sino por sus malos hábitos y lo peor de todo es que no se dan cuenta o no quieren asumirlo.

Uno de los libros que recomiendo a todo vendedor es el de Og Mandino "El vendedor más grande del mundo" en su primer pergamino nos deja reflejado que todos tenemos hábitos, somos esclavos de los hábitos que nos formamos, estos deben ser por lo tanto buenos hábitos, pero:

¿Cómo se forman los hábitos?

Hace algunos años leí un cuento que me gustó mucho.

EL ELEFANTE ENCADENADO (Jorge Bucay)

Un niño fue a una función de circo y vio que tenían a un elefante atado por el pie. El niño preguntó a su papá.

¿Por qué si el elefante es tan fuerte, no se escapa?

El papá contestó: porque ha sido educado toda su vida de esa forma.

Pero el niño no muy convencido por esa respuesta, siguió preguntando a otras personas, hasta que encontró la respuesta correcta:

El elefante no escapa porque piensa que no puede.

¿Pero cómo un elefante puede llegar a pensar que no puede si sabe lo fuerte que es?, preguntó de nuevo el niño.

Porque de pequeño el elefante intentó escapar, su fuerza no era tanta para romper la cuerda y no lo logró.

Si una vez no lo logró, él piensa que jamás lo logrará y por eso nunca lo vuelve a intentar.

Todos somos un poco como el elefante del circo, de alguna forma cada uno de nosotros estamos un poco atados a diferentes cuerdas que se disfrazan de hábitos poco saludables.

Tal vez alguna vez intentamos escapar pero, si no lo conseguimos, grabamos en nuestra mente el mensaje de no puedo y nunca podré.

¿Pero qué pasa si somos más fuertes que antes?

Tienes que saber que los grandes proyectos necesitan una rutina diaria. Un hábito se forma por repetición constante en el tiempo, generalmente 21 días para que una acción se convierta en hábito realizado de forma automática, pero puede ser más o menos tiempo.

Los Buenos Hábitos Te Impulsarán Como Un Cohete, Mientras Los Malos Te Pueden Llevar a Colisionar

Tú puedes ser un vendedor tan grande como tú quieras, si estás dispuesto a sacrificar pequeñas cosas, cambiar de hábitos, pagar el precio de las cosas que valen la pena. Si crees en ti mismo, tienes coraje, determinación, compromiso, dedicación y deseo de obtener resultados positivos, puedes lograr todo lo que te propongas.

Te invito a que pongas en práctica estos diez hábitos que a continuación voy a compartir y compruebes por ti mismo los resultados.

Vamos a conocerlos.

I

HÁBITO

A QUIEN MADRUGA LAS
VENTAS LE AYUDAN.

Me gusta madrugar (nunca pensé que diría esto) este es uno de los grandes hábitos que he incorporado a mi vida.

Antes era una marmota, me levantaba con el tiempo justo para arreglarme y salir a vender.

Cuando comencé con el crecimiento personal me di cuenta de que me faltaban horas al día para incorporar todos mis rituales diarios (hábitos).

Noté que la mayoría de personas más exitosas que sigo y mentores, practicaban el hábito de levantarse muy temprano todos los días.

Entendí que estar despierto y activo cuando el resto del mundo duerme hace que nuestro día termine siendo mucho más productivo y eficaz.

Entonces pensé, el que algo quiere algo le cuesta y decidí crear el hábito, al principio me costó muchísimo pero después cosas mágicas comenzaron a suceder.

EJEMPLO:

- Antes me levantaba sobre las 8:30 a.m.

- Incorporé el hábito de levantarme a las 5:30

HAGAMOS UNAS CUENTAS.

- De 5:30 a.m. a 8:30 a.m. = 3 horas

  • - 3 horas x 5 días =15 horas entre semana (los fines de semana descanso) es importante descansar para recuperar las fuerzas tanto físicas como espirituales que vamos perdiendo en las rutinas diarias.

- - 15 horas x 4 semanas = 60horas/mes
- - 60 horas x 12meses = 720hora/año

720 horas al año.

¡Dime si esto no es mágico! 720 horas extras, esto es lo que te va a diferenciar del resto de vendedores porque estas horas las puedes utilizar para crear nuevos hábitos.

A mí me entusiasma esta idea.

¿Y a ti?

Ahora es cuando aparece "LA ANTONIA", tu mente, como no quiere que la saques de la zona de confort, porque ahí es donde se siente muy cómoda, te estará diciendo:

Sí, pero levantarse a las 5:30 es una locura.

¡ESO PARECE!

Pero es necesario si quieres tener éxito, vas a necesitar muchas horas para dedicarte a ello, ¿crees que los vendedores y personas de éxito están cómodos en sus casas, esperando que los clientes y las oportunidades llamen a sus puertas? A veces parece que sea así, pero simplemente es lo que algunas personas y sociedad nos quieren hacer ver, mostrándonos las fotos en la playa, las casas que tienen, los coches, los viajes… etc. Todo esto es muy bonito, pero detrás de una persona exitosa hay mucho trabajo, tiempo, dedicación y madrugones. Te aseguro que no conozco ninguna persona de éxito que no se esfuerce o se haya esforzado por llegar hasta donde quiere llegar, es más la mayoría aunque ya han conseguido sus objetivos y éxito en la vida siguen con su nivel de energía y vitalidad al máximo, porque están acostumbrados a estar activos y es su forma de vida. Puede haber excepciones, no lo niego, pero habría que examinar el resto de las áreas de sus vidas como están, y para mí el verdadero éxito y felicidad consiste en mantener un equilibrio en las tres áreas.

No te dije que fuera a ser fácil pero valdrá la alegría.

Un truco que utilizo y que te aconsejo es que cuando te suene el despertador te levantes enseguida, sin pensar, no dejes a LA ANTONIA que te sabotee diciéndote "cinco minutos más", no es buena idea y puede afectar a tu estado de ánimo y energía, porque si haces esto confundes al cerebro, le estás diciendo al cerebro que reincide el ciclo del sueño y hará que te levantes aún más cansado. Gobierna tu mente desde primera hora de la mañana y dile ¡AQUÍ MANDO YO!

Para poder poner en práctica esto, más todos los hábitos que vamos a ver en este libro, tienes que ir desarrollando la voluntad y el compromiso, pero una "voluntad alegre" es decir hacer lo que tienes que hacer sin ningún esfuerzo. Para ello es muy importante que no le hagas caso a LA ANTONIA, es decir hacerlo sin pensar, si no, no lo harás. Esa voluntad procede de la conexión con uno mismo, y si estás conectado, elegir lo que tienes que hacer es mucho más fácil.

Por ejemplo, si tú quieres estudiar y te centras primero en ti mismo, meditas y te conectas, primero contigo, después la voluntad de estudiar te será mucho más fácil, si tú quieres estudiar y lo haces a través de tus pensamientos como (tengo que estudiar que si no, no apruebo) estás decidiendo desde el pensamiento y eso te genera tensión, cansancio, nervios, pero si tú tienes la voluntad de conectarte contigo mismo desde la paz, estudiar te será más fácil porque te vas a concentrar muy bien. Lo que te quiero decir es que si tú quieres practicar la voluntad, pon la energía en la práctica de la presencia, si lo haces la voluntad te vendrá por añadidura.

Otra gran ventaja de levantarse temprano es que a esas horas todo es distinto.

Hay quietud y silencio, ver amanecer, tomar un buen desayuno tranquilamente y hacer lo que realmente te gusta sin interrupciones (es un tiempo para ti). En mi caso aprovecho estas horas para continuar con los siguientes hábitos.

Para incorporar el hábito de levantarte temprano, es necesario ir poc a poc (como se dice en mi tierra).

Si normalmente te despiertas a las 9:00 am y buscas despertar a las 5:30 am de un día para otro. No quiero decepcionarte, pero en el mejor de los casos, solo lo lograrás un día.

Te propongo que la primera semana te levantes solo 30 min antes, la segunda 1h, la tercera 1:30, hazlo gradualmente hasta llegar a la hora que te propusiste.

Busca la motivación, ¿por qué, para qué te quieres levantar más temprano?, puedes ponerte recordatorios como una notita en la mesita de noche, un mensaje en el móvil al sonar la alarma, por ejemplo ¡LOGRAR MIS SUEÑOS! Tienes que estar entusiasmado con tus tareas matutinas. Los sueños se cumplen cuando te levantas no cuando te acuestas, así que ¡DESPIERTA!

El hábito tiene que ser **levantarse temprano y no despertarse temprano,** el verdadero reto empieza cuando tienes que salir de la cama.

Muy importante no utilices dispositivos electrónicos hasta que no realices todos tus rituales, enfócate en ti, en tus prioridades, sé el dueño de tu destino, es un hábito que te hará sentir más feliz, enfocada y con una mentalidad más clara.

II

HÁBITO

AGRADECER YA ES VENDER.

¿Qué es lo primero que haces nada más levantarte?

¿Cuáles son los primeros pensamientos que tienes nada más despertarte?

Tus primeros pensamientos y acciones del día son SÚPER IMPORTANTES, porque en este momento tu subconsciente está mucho más sensible, nuestro subconsciente está recibiendo en todo momento todo lo que vemos tanto en el exterior como las imágenes creadas por nuestra mente, nuestro diálogo interno y todo lo que escuchamos, es decir, nuestro subconsciente es como una impresora todo los pensamientos que pongas en el los va a imprimir creando de ellos una realidad en tu mundo físico, da igual que sean pensamientos positivos o negativos, él no puede distinguir cuales son buenos o malos para ti. Tu tampoco debes de etiquetarlos porque simplemente son percepciones, pero si puedes elegir cuales te sirven y cuales no para crear lo que tu quieras manifestar.

Tú tienes el poder de decidir si tu primer pensamiento de la mañana sea positivo, el cual te va ayudar a crear una vida con

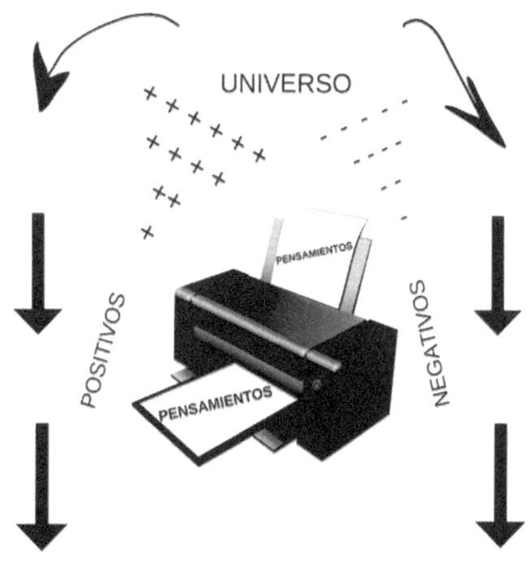

PENSAMIENTOS
MATERIALIZADOS
CREAN NUESTRAS
VENTAS

más entusiasmo y tu mente se irá haciendo mucho más fuerte.

Recuerda esto:

Como Es Tu Diálogo Interno Así Será Tu Día

Al abrir los ojos mis primeros pensamientos son de gratitud, doy las gracias por un nuevo día, doy las gracias por mi familia, por mi hogar, doy las gracias por el descanso proporcionado en la noche, doy las gracias por SER, por todo lo que tengo, amistades, doy las gracias por mi trabajo y sobre todo agradezco y bendigo a todos mis clientes, los que tengo y los que están por venir.

No me canso de dar las gracias todos los días al amanecer, honrar y apreciar lo afortunada que soy, por SER día tras día y aprender de todo lo que está preparado para mí.

Dar las gracias al comenzar el día es una excelente manera de comenzar la jornada con ánimo.

Si haces esto todos los días, verás cómo tus días mejoran.

"Que sensación tan maravillosa es abrir los ojos y darte cuenta de que tienes un nuevo día para disfrutar, aprender y conseguir tus objetivos".

III

HÁBITO

DECRETAR ES CONCRETAR LA VENTA.

Tómate unos minutos para decretar el día. Puedes decir algo así como:

Me estoy tomando estos minutos para hacer de mi día, una jornada de ventas productivas, atender y servir con pasión a todos los clientes que entren en contacto conmigo hoy. Yo soy un imán que atrae hacia mi pedidos de ventas, los mejores clientes y oportunidades, los acojo con amor y gratitud. Hoy es un gran día para prosperar en todo lo que hago.

Los decretos son afirmaciones positivas verbales o mentales poniendo la intención y emoción a algo que quieras manifestar. Puedes crear tus ventas a través de estas tres herramientas, PENSAMIENTO, PALABRA Y OBRA. Al decretar ya estás comenzando a vender, estás activando el poder del pensamiento y palabra, estás preparando el terreno para después completarlo con la obra, es como un agricultor, primero allana el terreno, separa las malas hierbas, para después plantar la semilla y obtener la cosecha. Al decretar estás preparando todos los días, el terreno, apartando los malos pensamientos como "¡buf! Un día más" "qué pereza, a ver qué me encuentro hoy" "estoy cansado de todos los días lo mismo" "nadie me va a querer comprar"........ Los decretos te permitirán cambiar todos estos pensamientos que no te están ayudando por otros que harán que obtengas más claridad para ver el camino hacia donde te quieres dirigir, detectar más rápidamente las oportunidades que te van a permitir llegar a cumplir dichos objetivos.

Esto es como cuando te compras un coche de un color que no habías visto antes o habías visto en muy pocas ocasiones, es comprártelo y de repente comenzar a verlo por todas partes, entonces te preguntas: ¡¡joliin! ¿Me lo compro yo y todo el mundo se lo compra? Esto no es así, lo que ocurre es que antes no le prestabas atención, porque ni siquiera estaba en tu mente, pero ahora al tenerlo tú, le estás prestando atención, lo que hace que los detectes más fácilmente. Lo mismo ocurrirá con tus ventas, al decretar les estás prestando atención desde la primera hora del día.

Piensa en lo que quieres manifestar en el día, un deseo.

EJEMPLO:

- CADA DÍA SALGO A VISITAR A MÁS Y MÁS CLIENTES.

- TODOS LOS DÍAS ME SIENTO MEJOR Y MEJOR VENDEDOR.

- CADA DÍA AUMENTA MI CARTERA DE CLIENTES.

- TODOS LOS DÍA ME SIENTO FELIZ Y EN ARMONIA CON MIS VENTAS.

- CADA DÍA ME ACERCO MÁS A MIS OBJETIVOS DE VENTAS.

- TODOS LOS DÍA DISFRUTO DEL TRATO CON MIS CLIENTES.

Dicho de otra manera, para obtener algo tienes que concentrarlo primero en la mente, la mente es muy poderosa como para dejarla trabajar sin control, después lo transmites por la voz y se materializa por la vibración de la palabra o sentimiento, es decir:

PENSAMIENTO + INTENCIÓN + PALABRA O EMO-
CIÓN = DECRETO

¡¡¡DECRÉTALO!!!

Cuanto más lo sientas y más positiva seas con tus palabras y conceptos que elijas, más positiva será la realidad que crees.

Es muy importante que los decretos sean en presente, la mente cumple lo que tú deseas, créetelo como si ya existiera, dalo por hecho, en cuestión de ventas si dudas por ejemplo de que la visita, cliente o lo que sea que estés decretando, si hay algo por pequeño que sea por lo que tengas dudas, no alcanzaras el objetivo, aunque parezca paradójico tu mente estará cumpliendo lo que estás pensando o creyendo. Por eso en este caso lo que hacemos son decretos, no afirmaciones para ir poco a poco y que tu mente no dude. No sirve de nada repetir afirmaciones como un loro si ni tu mismo te lo vas a creer, no es lo mismo decirte VOY A VENDERLO TODO que CADA DÍA AUMENTA MI CARTERA DE CLIENTES.

Si Lo Crees, Lo Vendes

En definitiva, aprender a pensar y hablar de forma positiva para vencer el hábito arraigado de la negatividad, también es aprender a controlar las conversaciones que mantiene contigo mismo, tu diálogo interno.

Si cultivas tu mente con frases positivas para empezar el día te irá bien y será muy fructífero.

IV

HÁBITO

MEDITA TUS VENTAS.

Hace unos 5 años descubrí la meditación, por esa época no estaba pasando por muy buenos momentos. Estaba en un proceso de grandes cambios, había terminado con una relación y me resultaba muy difícil gestionar mis emociones, me sentía deprimida, todo era oscuridad. Esto empezó a afectar a mi vida personal y profesional.

Recuerdo que empecé con la lectura de los libros, todo lo que leía me parecía fascinante, pero cuando realmente empecé a sentir paz, tranquilidad y sosiego, fue cuando comencé a practicar la meditación, era como apagar el interruptor de mi descontrolada mente.

A partir de ese momento empecé a investigar más, estuve un periodo de tiempo practicando la meditación intermitentemente, era tanto el beneficio que me aportaba en mi día a día y en mis ventas, que se convirtió en un hábito.

Esto me hizo pensar en la importancia y los beneficios que pueden llegar a aportar a los vendedores. El día a día de un vendedor suele ser bastante estresante, muchas llamadas, visitas, cumplir objetivos, emails... etc. Ya hemos visto cómo el estrés y la ansiedad pueden afectar al rendimiento de nuestra vida diaria. La práctica de la meditación ayuda a aportar mucha más claridad, los problemas pueden hacerse mucho más relativos, los contratiempos mucho más fáciles de llevar.

A través de la meditación comprendí que tenemos que tener un equilibrio entre cuerpo/alma/mente, en el tiempo que llevo como vendedora he podido observar que la mayoría de los vendedores tienen mucha energía, eso es muy bueno y realmente se necesita para poder cumplir con los objetivos, pero es importante saber gestionar y canalizar esa energía, para que toda ella actúe en beneficio nuestro y de todos los implicados en los procesos de ventas.

Soy de las que siempre están al cien por cien, me gusta implicarme con mis clientes, aportar todo lo mejor de mí, ser excelente en todo lo que hago, porque entiendo que la excelencia está en ellos, sin clientes las ventas no existirían. Para poder aportar lo mejor, primero debía de empezar por mí y fue cuando entendí que tenía que cuidarme no sólo por fuera "eso ya lo venía haciendo, es algo que nunca había descuidado" pero cuando entré en mi interior, y comencé a cuidarlo, escucharlo, entenderlo, darle lo que realmente necesitaba AMOR, fue cuando realmente comencé a sentirme mejor y mejor, fue cuando encontré el equilibrio entre mis ventas/crecimiento personal/espiritual, no solo me encontraba mejor sino que empecé a disfrutar de mi labor como vendedora, ser feliz haciendo lo que amaba y ayudando a los demás.

Meditar todos los días es otro de los hábitos más importante que puedes incorporar a tu vida. He comprobado que la práctica de la meditación ayuda a reducir el estrés y la ansiedad en el cerebro, calmar la mente para volver a enfocarte es muy beneficioso para la productividad. Por eso mi recomendación es que lo hagas, lo que se siente al meditar es algo que no se puede expresar con palabras porque es una conexión que viene del corazón, del alma, del espíritu, es un bienestar muy personal que solamente puede sentir el que lo practica, además es una emoción variable, dependiendo de muchos factores puedes sentir un día una cosa y otro día otra, ninguna practica meditativa es igual que otra, es algo que solo puede sentir el que lo experimenta.

Es curioso cómo nada más escuchar y observar a una persona enseguida puedo detectar si tiene el hábito de meditar incorporado, por su forma de actuar, comunicarse, su grado de estrés, nivel de vida y comportamiento hacia el mismo.

A menudo les pregunto:

¿Meditas?

La imagen mental que les suele venir a la mayoría de personas es algo parecido a un monje tibetano con las piernas cruzadas, una túnica roja las manos sobre el regazo y balbuceando algo parecido a "OMMMM-MMMM" o me imaginan como una iluminada que pretende eliminar el dolor de la vida terrenal cerrando los ojos y cantando mantras. Creo que las imágenes acerca de la meditación son erróneas y distorsionadas, si supieran todos los beneficios que aporta la práctica diaria de la meditación, como por ejemplo, ayuda a la creatividad del cerebro y a que surjan nuevas ideas, ayuda a enfocar nuestra mente hacia nuestros objetivos, mejorar la felicidad, la autoconciencia, paciencia, constancia, perseverancia… etc.

Grandes compañías ya sumadas a este hábito han demostrado crecimiento en sus ventas, demostrando que lo que es bueno para la mente y el espíritu es bueno para lograr los resultados finales de las empresas, los vendedores ya sumados a este hábito toleramos mejor las situaciones difíciles, con ello se contribuye a crear un ambiente laboral mucho más placentero, donde entra a formar parte la paz y armonía entre compañeros, clientes y todas las personas con las que se mantenga contacto. Por ejemplo, Steve Jobs creó innovadoras ideas para Apple que nacieron de la meditación. Parte del éxito de Apple viene por su enfoque, creatividad y control mental.

Lo que quiero que veas es que si quieres ser un vendedor exitoso, busca una mejora continua de tu propia conciencia. Si está demostrado y es algo que solamente te va aportar beneficios ¿por qué no probarlo? Es muy curioso como las personas, no queremos ver más allá de lo que nos han dicho que "es lo normal", hemos aprendido a vivir en el temor, pero sinceramente, ¿crees que es normal prestarle más atención a las malas noticias, malos hábitos, pensamientos negativos, no parar tú mente, no escucharte a ti mismo lo que hay detrás de todo el ruido que no te permite saber y entender? Todo esto son mensajes que has recibido y por eso lo ves como normal, pero deja que te diga algo. No debes de meditar como Buda, no es necesario, pero piensa ¿qué ocurriría si tomaras una nueva decisión? ¿Cuál sería el resultado? Tienes libre albedrío, puedes dejar atrás todos los hábitos, los cuales ya llevas experimentando durante mucho tiempo, con lo cual ya sabes que no te ayudan a crecer, o puedes dejarlos a un lado y comenzar a practicar, escuchar, leer… nuevas enseñanzas que provienen de fuentes con agua clara, lo que quiere decir resultados claros, que proceden de tu interior, utiliza esta poderosa herramienta que te puede servir para desacelerar el día, si eres capaz de detener tu tiempo para pensar, reflexionar y meditar el resultado posterior será de mayor claridad y calidad, te ayudará a conectarte con los clientes de otra manera , ya sé que no se puede cambiar los estímulos de los clientes, pero si aprendes a gestionarte y controlarte, mediante la meditación, estarás trabajando en tu inteligencia emocional. Cuando meditas puedes apagar el interruptor de tu mente y entrar en sintonía con tu voz interior, esto es muy importante ya que los vendedores estamos expuestos a todo tipo de comentarios y energías que pueden afectarnos negativamente, en nuestra mente hay ruido e información del exterior constantemente. Por lo tanto conectar con el auténtico ser que llevamos dentro, nos va a permitir conocernos mejor para después conectar mejor con nuestros clientes.

Existen muchas formas de meditar.

A continuación vamos a ver algunas que he podido extraer de algunos maestros espirituales, textos, apuntes e información que he ido recopilando. Son las que suelo practicar yo.

Meditación Budista: es el tipo más común y consiste en entrenar nuestra mente para que pueda permanecer enfocada en el aquí y el ahora, es decir, en el presente.

Las muchas técnicas de meditación budista pueden dividirse en dos grupos principales dentro de su propósito progresivo.

Estas son las técnicas que se agrupan con el término Samatha, una palabra sánscrita que equivale a 'paz' o 'tranquilidad', y las técnicas que se agrupan con el término Vipassana o técnicas para alcanzar 'visión clara'.

LA MEDITACIÓN SAMATHA calma la mente y orienta el sentido de la conciencia, fomenta nuestras emociones positivas y expande nuestra perspectiva.

Esta forma de meditación es una preparación esencial para la técnica Vipassana o de visión clara que veremos ahora, esta es más avanzada, con lo cual sin esta base

Samatha es muy poco probable que surja la visión clara, que es el objetivo de la meditación Vipassana.

Nuestro estado mental normal se encuentra dividido y a veces muy poco concentrado, afectado por emociones negativas y limitado por sus puntos de vista; por lo tanto en este estado no es posible percibir las cosas como realmente son.

El objetivo de la meditación Samatha podría verse como el concentrar la luz y recargar las pilas, de tal manera que podamos ver claramente. O si usamos una analogía budista más tradicional: nuestro estado mental normal podría compararse con agua turbulenta y llena de lodo, tan contaminada por la suciedad que no deja pasar la luz. La meditación Samatha calma la turbulencia de la mente y permite que se asiente el lodo, de tal forma que el agua alcance transparencia, brillantez y claridad.

LA MEDITACIÓN VIPASSANA.

Vipassana significa ver las cosas tal como son.

Es una de las técnicas de meditación más antiguas de la India. Es una técnica de autotransformación que utiliza la autobservación para comprender la naturaleza cambiante de las cosas.

Por ejemplo, cuando llevamos la mente a un grado máximo de concentración, podemos percibir cómo metemos y sacamos aire, cómo interactúa nuestra mente con nuestro cuerpo, cómo podemos producirnos sufrimiento y, del mismo modo, cómo podemos liberarnos de él.

El objetivo de la meditación Vipassana y cómo puede beneficiarte en tus ventas es alcanzar las metas. Con la práctica continuada de esta técnica de meditación podemos ir eliminando poco a poco lo que nos hace sentirnos mal, por ejemplo una venta que no ha salido como esperábamos, un cliente que no nos ha atendido, algún contratiempo inesperado… etc. También nos puede ayudar a mejorar nuestra memoria de atención,

Meditar Es Regalarte Un Tiempo Para Ti, Para Estar Contigo De Una Manera Íntima Y Especial

Deja de lado las preocupaciones y céntrate en lo verdaderamente importante, date un suspiro y deja de sufrir emocionalmente por detalles que no tiene razón de ser, aprender a dejar de lamentarte y toma una actitud positiva ante la profesión, alcanza un estado de bienestar emocional y conócete mejor a ti mismo, debes de saber quién eres y qué clase de vendedor quieres SER y si realmente te hace feliz, para eso debes de entrar en tu interior donde encontrarás las verdaderas respuestas.

Ahora, dime.

¿Cuántas horas le dedicas al día para pensar en ti mismo?

ÁMATE.

VISUALIZA TUS VENTAS

Para que te hagas una idea de la importancia que tiene la práctica de visualización, te diré que es una herramienta que utilizan muchos deportistas de élite, personajes muy conocidos del mundo del cine, tv y personas de mucho éxito reconocido, algunos lo practican conscientemente otros no, visualizan sus objetivos e incrementando así las posibilidades de alcanzarlos. Es una excelente y poderosa herramienta que te puede ayudar a mejorar tu vida, con la capacidad de la mente, utilizando a tu favor el poder de los pensamientos y la imaginación.

Recuerda esto:

Si Tú No Programas Tu Mente, Alguien Lo Hará Por Ti

Lo que quiere decir es que es muy importante que tú controles lo que entra en tu mente, los pensamientos que estás teniendo.

Contesta esta pregunta.

¿Tienes televisión en casa?

Seguramente la respuesta sea afirmativa.

¿Cuánto te costó?

Pongamos que te costó 500 euros.

Mi opinión es que no creo que ese televisor te haya costado solo 500 euros, sino mucho más. ¿Por qué te digo esto? Porque no es el precio del televisor lo que estás pagando, sino el precio de ser el dueño de un televisor y de las horas que pasas viendo el televisor, el cual podrías estar aprovechando para hacer otras cosas que pueden implementar tu vida y tus ventas, también puedes tener en cuenta el efecto que tiene el hacerle caso a las cosas que te ponen en televisión y dónde te lleva.

¿Cuántas malas noticias ves en televisión?

¿Y qué pasa después?

Normalmente te quedas bastante tiempo pensando en esa noticia, y lo peor es que no solo la piensas, sino que la sientes y además después vas y las comentas con más personas, con lo cual estás dandole más energía y recuerda que a lo que le prestas atencion, energía y enfoque crece, se expande como cuando le hechas levadura a la masa, con lo que estás creando un efecto negativo en el subconsciente, no solo el tuyo también en el colectivo. Recuerdas tus herramientas de creación, ¿cuáles son? **Pensamiento, palabra y obra.**

La próxima vez que enciendas el televisor, piensa en esto.

Si igualmente vas a llenar tu mente de información, te recomiendo que esa información sea positiva.

La visualización es una herramienta que siempre hemos poseído, pero que nunca hemos sabido sacarle partido. En realidad la estás utilizando todos los días, solo que no eres consciente de ello, la mayoría de las personas piensan y repiten una y otra vez los mismos pensamientos, pero al no ser conscientes de estos no son dirigidos hacia lo que quieren lograr, esos pensamientos van rondando por sus mentes sin control ninguno, por lo que crean y recrean es el mismo tipo de situaciones una y otra vez.

La buena noticia es que ahora esto ya lo sabes.

Siendo ya consciente de esto y sabiendo que tú puedes hacerte dueño de tus pensamientos, dirigirlos hacia tus objetivos, visualizando situaciones positivas y crear una realidad diferente.

PIENSA.

¿QUÉ IDEA LE ESTÁS VENDIENDO A TU MENTE TO-DOS LOS DÍAS?

IMPORTANTE.

Para que la visualización sea beneficiosa es necesario que tus creencias estén alineadas con tus objetivos, de aquí la importancia de que te hayas leído mi primer libro PIENSA, VENDE, AMA y hayas realizado todos los ejercicios que en él te propongo.

Espero que lo hayas hecho, porque si no, no servirá de nada, es tu vida y es importante piensa en los años que llevas metiendo información sin control en tu mente, si quieres lograr resultados diferentes, tienes que hacer cosas diferentes.

A continuación vamos a ver un ejemplo de visualización de ventas, para que puedas ver cómo se hace y puedas a aplicarlo de forma efectiva.

EJEMPLO:

Visualízate entrando en una gran empresa donde vas a reunirte con el jefe, no con el jefe de ventas, sino con el gran jefe. Te presentas y ofreces tus productos, vas a vender y hacer un gran cliente potencial. Pero resulta que tus creencias son ("me va a decir que no", "no me va a atender", "se va a pensar que lo engaño", "no me voy saber expresar", "no transmito confianza… etc.). El cerebro no visualiza solo cosas bonitas, en este caso estas recibiendo todas estas emociones negativas que asocias a vender. Por mucho que visualices, si tienes miedos o creencias negativas no vas a conseguir el efecto que pretendes, porque esa emoción lo que te está diciendo es que por alguna parte tienes creencias negativas y si esto es así no alcanzarás el objetivo. Esta es la realidad de la visualización, famosa ley de la atracción, donde todo parece tan bonito y fácil de conseguir, es mucho más que simplemente pensar, creer, repetir afirmaciones positivas como un disco rayado, es un trabajo continuo y delicado, pero lo bonito es que si te comprometes y aprendes a hacerlo bien, los resultados llegan a ser realmente fascinantes.

En definitiva, tienes que hacer los ejercicios de mi anterior libro, para cambiar tus creencias negativas y emociones sobre las ventas. Ya sé que estarás pesando, que lo que quiero es venderte el libro, y si tienes razón, pero mi principal objetivo es ayudarte para que tú también puedas vender mas y mejor.

Ya sé que a muchas personas les puede resultar algo cursi esto de amar las ventas y que pensaran ¿Por qué Amar las ventas si hay personas que no consiguen amar ni a los miembros de su propia familia?

Tenemos una visión muy limitada de quienes son la familia ya que todos formamos parte de esta gran familia humana, por lo tanto los problemas que tú solucionas con tus productos o servicios son los tuyos también.

Esto es un nuevo mundo de vendedores conscientes y sólo si vendes desde el amor será posible.

Algo tienes que aprende del pasado para poder mirar tus ventas de una forma diferente.

¿Qué piensas Tú?

YO PIENSO, VENDO, AMO POR UN MUNDO DE VENDEDORES UNIDOS PORQUE VENDIMOS EN EL.

Mis ventas son las tuyas y tus ventas son las mías, es una retroalimentación, no hay separación, es realmente algo maravilloso, es EL MUNDO DE LAS VENTAS CON CONSCIENCIA, lo amo y tú también debes de amarlo porque es lo que te va a llevar a crecer y obtener la abundancia necesaria para continuar hacia el logro de tus objetivos, metas y sueños.

y por último visualízate hacia tus objetivos con la meta ya cumplida y no te olvides de:

PRÁCTICAR, PRÁCTICAR Y PRÁCTICAR.

* Busca un lugar cómodo con luz tenue, siéntate en postura flor de loto, tu espalda debe de estar lo más recta posible, puedes ayudarte con un cojín, coloca tus manos o encima de tus muslos con el dedo indice y pulgar tocándose, o bien coloca las manos encima de tu regazo, la mano derecha boca arriba y la izquierda encima, tus pulgares se deben de tocar. Cuando te sientas preparado cierra los ojos. Sin una buena postura no hay una buena meditación, porque comenzarás a sentirte incomodo, sentir molestias que darán paso al dolor y te resultará cada vez más incomodo permanecer sentado. Además la postura también puede condicionar tu estado mental ya que te debe permitir respirar plenamente, gracias a la respiración tu mente se calmará de forma natural, mediante esta postura conseguimos que la energía que estamos creando fluya en la forma del circulo que hemos creado y de esta manera se condense en nuestro interior.

* Empieza con la meditación, cuando llegues a un estado de paz mental, visualízate en la situación que te gustaría estar o en la meta que quieras alcanzar.

* Observa la escena con todos los detalles (colores, luz, sonidos, temperatura) incluye las sensaciones que experimentes a nivel táctil, olfativo, emocional... siéntelo como si estuviese sucediendo ahora siempre en presente y positivo ¡YA ES REAL!

* Tómate el tiempo que necesites y cuando ya tengas la imagen con la meta ya lograda. ¡GRÁBALA EN EL SUBCONSCIENTE! (para esto puedes utilizar anclajes como el amuleto TREBOL DE ORO, dibujos, notas, perfume, cualquier cosa que al mirarla te recuerde y te conecte a ello).

V
HÁBITO

DESAYUNA CON ALEGRÍA

Energéticamente el desayuno debe ser más importante que la cena, ya que nos prepara para el inicio del día, el vendedor casi todas o todas las calorías y energía del desayuno las va a quemar durante la mañana, porque su nivel de actividad es muy intensa.

Con un buen desayuno equilibrado comenzarás el día con energía suficiente para afrontar cualquier reto.

Lo contrario ocurre en la cena, donde después viene un período de baja actividad y el organismo apenas consume esas calorías.

Para comenzar el día no hay nada más importante que un buen desayuno que incluya proteínas, antioxidantes, una pequeña porción de grasa y cereales. Por ejemplo puedes comer huevos, frutas, avena, pan integral, entre otros.

No hay nada como tener tiempo por la mañana para prepararte un desayuno saludable y disfrutar del momento, puedes aprovechar el tiempo mientras preparas desayuno y desayunas, en decretar o afirmar declaraciones positivas.

Te dejo algunas para que puedas acogerte a ellas, pero te aconsejo que crees las tuyas propias, esto te permitirá integrarlas más en tu subconsciente.

Afirmaciones Poderosas Del Vendedor.

* YO SOY UN VENDEDOR EXITOSO Y MUY VALIOSO.

* YO SOY UN VENDEDOR GENEROSO Y JUSTO, ACTÚO EN BENEFICIO DE TODOS LOS IMPLICADOS.

* YO SOY UN IMÁN QUE ATRAE HACIA MÍ LOS MEJORES CLIENTES.

* YO SOY UN IMÁN QUE ATRAE HACIA MÍ LAS MEJORES OPORTUNIDADES DE VENTAS.

* LAS VENTAS LLEGAN A MÍ Y SE MULTIPLICAN EN ABUNDANCIA.

* LAS VENTAS FORMAN PARTE DE MI ADN.

* TODOS MIS CLIENTES RECIBEN BIENESTAR Y ESTÁN AGRADECIDOS.

* MI INGENIO Y CREATIVIDAD PARA VENDER ES ILIMITADO.

* SOY UN VENDEDOR DESTINADO AL ÉXITO.

RESUMEN

Un pequeño resumen de lo que hemos visto hasta ahora.

- Agradecimientos exclusivamente para ti, porque si estás leyendo este libro para mí es una gran bendición porque significa que sigues conmigo, confías en mí. Por este motivo mi deber y obligación es ofrecerte lo mejor a través del libro. Darte la ENHORABUENA por creer y seguir trabajando en ti.

- ¿Buena suerte, mala suerte? El tiempo lo dirá… (leyenda -Lao Tse).

La vida es movimiento y hay que amarla tal como es.

Las decisiones, los fracasos, los éxitos, los clientes, los compañeros, la competencia no son ni buena, ni mala suerte. Las apariencias nos engañan, todo puede ser para bien, no puedes controlar los acontecimientos, pero sí puedes decidir cómo ver las situaciones. Puedes mirar el lado positivo o el negativo, de ti depende la respuesta personal a lo que acontece, a lo que llega y a lo que se va, es lo que importa, más que las circunstancias. Lo importante del camino es recorrerlo.

¡Que el mundo agradezca tus ventas! La buena y la mala suerte son ideas de la mente.

- Hasta ahora hemos visto cinco hábitos más eficientes para combatir el estrés y conseguir objetivos, pienso que un vendedor debe desarrollar nuevas habilidades y mejores actitudes.

Miles de vendedores no llegan a sus objetivos de ventas, no por falta de capacidad, sino por sus malos hábitos y lo peor de todo es que no se dan cuenta o no quieren asumirlo.

- Cuento del elefante encadenado (Jorge Bucay)

Todos somos un poco como el elefante del circo, de alguna forma cada uno de nosotros estamos un poco atados a diferentes cuerdas que se disfrazan de hábitos poco saludables.

Tal vez en alguna ocasión intentamos escapar, pero si no lo conseguimos, grabamos en nuestra mente el mensaje de no puedo y nunca podré.

- HÁBITO 1. **A Quien madruga las ventas le ayudan.**

Estar despierto y activo cuando el resto del mundo duerme hace que nuestro día termine siendo mucho más productivo y eficaz.

- HÁBITO 2. **Agradecer es vender.** Tus primeros pensamientos y acciones del día son SÚPER IMPORTANTES porque en este momento tu subconsciente está mucho más sensible.

- HÁBITO 3. **Decretar es concretar la venta.**

Toma unos minutos para decretar el día.

Los decretos son afirmaciones positivas verbales o mentales poniendo la intención y emoción a algo que quieras manifestar.

Piensa en lo que quieres manifestar en el día, un deseo. ¡DECRÉTALO!

- HÁBITO 4. **Medita tus ventas.**

La meditación es una herramienta que te puede servir para desacelerar el día, si eres capaz de detener su tiempo para pensar, reflexionar y meditar el resultado posterior será de mayor claridad y calidad, te ayudará a conectarte con los clientes de otra manera, ya sé que no sé puede cambiar los estímulos de los clientes, pero si aprendes a gestionarlos y controlarlos mediante la meditación, estarás trabajando tu inteligencia emocional.

- HÁBITO 5. **Desayuna con alegría.**

- Energéticamente el desayuno debe ser más importante que la cena, ya que nos prepara para el inicio del día, el vendedor casi todas o todas las calorías y energía del desayuno las va a quemar durante la mañana, porque su nivel de actividad es muy intensa.

Una vez leído el resumen de lo que hemos visto hasta ahora, continuamos con.

VI

HÁBITO

HOY UN LECTOR, MAÑANA UN
GRAN VENDEDOR.

Recuerdo cuando era pequeña y en la escuela me mandaban libros para leer.

Simplemente pensaba ¡ME ABURRO!

¿Te ha pasado alguna vez?

Esto sucede sencillamente porque no son libros que nos apasionen.

Cuando encontré mi preferencia de lectura, comencé a devorar libros de ventas, crecimiento personal y espiritualidad, todos ellos me han ayudado a conocerme a mí misma, a aprender a vender más y mejor, a entender a los clientes, pensar y divertirme. Mi mente empezó a conocer nuevas perspectivas que antes no veía.

Leer me puso en contacto con la manera de pensar de grandes líderes y maestros que han dejado plasmadas sus vivencias a través de buenos libros.

De todo esto surgieron mis libros, me di cuenta de que no había ninguno que englobara las tres áreas que a mí me apasionaban o por lo menos yo no lo había conseguido encontrar y era algo que a mí me habría gustado leer, en realidad no he inventado nada he cogido las ideas que a mí me han ayudado en mi profesión, vida personal y las he dejado plasmadas de la mejor manera para que todas las personas y vendedores que quieran puedan beneficiarse de ellas y de esta manera poder contribuir a dejar un mundo de vendedores conscientes con valores hacia sus clientes y personas, este es mi legado, mi pasión y mi profesión.

En mi opinión leer por las mañanas es muy productivo porque la mente está más despejada y receptiva, para aprender y retener más información.

NADA ES MÁS IMPORTANTE COMO APRENDER Y MEJORAR

Una persona promedio lee un libro al año, mientras que una persona líder lee mínimo doce libros al año, incluso un libro a la semana. Si tienes en cuenta este dato y quieres llegar a ser líder en ventas, tienes que integrar el hábito de leer.

¿Cómo?

Me he dado cuenta de que la gran mayoría de vendedores no leen nada sobre su campo profesional, ponen la excusa del tiempo, a mí también me ha pasado y créeme cuando algo se convierte en una prioridad para ti, sacas el tiempo de donde haga falta, tienes que saber que leer es muy importante para tu crecimiento tanto personal como profesional, todos los grandes líderes que conozco son lectores, y toda su sabiduría puedes encontrarla en sus libros, además de aprender de ellos a través de sus libros, al leerlo estarás conectando con su energía y esto te motivará a seguir con tus metas.

¿Te ha pasado alguna vez de leer un libro, y este motivarte durante un tiempo?

Esto pasa porque conectas con la energía del escritor, pero también habrás sentido cómo al poco tiempo esta motivación desaparece, esto ocurre porque tu deber y obligación es mantener esa energía, los libros pueden darte muchas ideas y herramientas para lograr el éxito, pero la responsabilidad de ponerlo en práctica es tuya, la obra está escrita pero la práctica es solo tuya. Lo mismo te va a pasar con este libro, yo te puedo dar todas las claves necesarias para llegar a tener más éxito, pero después es tu responsabilidad el que quieras cambiar tu vida y en consecuencia tus ventas, o simplemente seguir como estás, es tu decisión, pero recuerda que después no te puedes quejar, porque ya sabrás lo que tienes que hacer, pero si no lo haces no llegarás a tener el éxito te gustaría. O quizás estés muy bien como estás, todo es respetable, pero seamos honestos con nosotros mismos y cuando veamos a una persona que vende más, tiene más éxito, no solo en las ventas sino en cualquier área, no la juzguemos ni envidiemos, porque las oportunidades están para todos, si bien es cierto que a algunos nos cueste más que a otros, debido a nuestras creencias y condiciones, pero que podemos cambiarlas para obtener mejores resultados y beneficios, es una decisión que está en las manos de cada uno.

Ahora vamos a ver cómo no hay excusas para leer.

* LEE 10 PÁGINAS AL DÍA.

10 PAG X 365 DÍAS = 3.650 PÁGINAS AL AÑO

3.650 PAG/AÑO = 18 LIBROS DE 200 PÁGINAS AL AÑO

¿Ves cómo es más fácil de lo que parece?

¿Aún crees que no tienes tiempo para leer diez páginas al día?

Y si además adquieres el hábito de hacerlo por la mañana podrás enfocarte mejor en tu objetivo de ventas. Si lees especialmente antes de iniciar tu día, te aseguro que cuando salgas por la puerta de tu casa a vender, tendrás más energía y actitud positiva, comenzarás a ver que tus ventas serán mucho más productivas, comenzarás tus días con una gran sonrisa.

Puedes probar con buen libro de ventas que sea bueno para ayudarte a motivarte de manera personal y profesional, a medida que leas más sobre este campo, aprenderás ideas nuevas y aprenderás a vender con más efectividad.

Contra más leas, más te diferenciarás de los demás vendedores, irás más rápido hacia el ascenso de tu profesión, cerrarás más ventas de las que podrías soñar.

¡COMPRUÉBALO POR TI MISMO!

VII

HÁBITO

ACCIÓN, MOTIVACIÓN,
PERSEVERANCIA.

El mundo es de los que hacen, no de los que piensan, es importante pensar y es la primera herramienta de creación, pero si luego no pones en práctica lo que piensas, es difícil obtener los resultados deseados.

Según me decían en el colegio nunca he tenido un coeficiente intelectual muy alto, pero en mi vida siempre he alcanzado mis objetivos, gracias a que soy una persona de acción masiva intuitiva, soy una persona con un nivel de energía alto, esto no siempre ha sido así, simplemente lo es porque lo trabajo, soy responsable y comprometida con todo lo que hago, dicho de otra manera no dejo para mañana lo que puedo hacer hoy, esto es necesario ya qué para ser un buen vendedor se necesita mucho tiempo, dedicación y amor por lo que haces. En el momento que desatiendas cualquiera de estas áreas no conseguirás alcanzar el objetivo. Para ello tienes que poner el foco, evitar las distracciones y mantenerte con perseverancia.

¿Te acuerdas de la frase, **todo en esta vida tiene un precio**?

¡Bien! Pues para ser un gran vendedor tienes que estar dispuesto a pagar este precio, la única forma de llegar al éxito es trabajar duro y con perseverancia durante un largo periodo de tiempo, tienes que ser ambicioso y tener el deseo. No hay atajos, es más pienso que lo peor que le puede pasar a un vendedor es conseguir dinero rápido con sus ventas, especialmente al principio de su carrera, porque entonces se acomodará y se pasará el resto de su vida buscando estas oportunidades.

¿Sabes por qué pienso y actúo así?

Porque la vida nunca me lo ha puesto fácil, desde que era niña he pasado por muchos obstáculos y desafíos, pero gracias a eso ahora soy la mujer que soy, he entendido que todos esos obstáculos simplemente me estaban preparando para ser más fuerte, la vida me dijo:

SERÁS FELIZ, PERO PRIMERO TE HARÉ FUERTE.

Y te preguntarás.

¿Fuerte, para qué, es necesario?

En ocasiones sí, porque cuando la vida te pone tantos obstáculos, estos simplemente son señales de que vas por buen camino, la vida te está preparando para algo mejor, por eso te pone a prueba te está haciendo más fuerte, se está asegurando que eres la persona adecuada para obtener más, darte más. Justo es lo contrario, lo que pensamos que es una desgracia, habitualmente termina convirtiéndose en un regalo. Ya sé que en el momento que estamos en el hoyo es difícil verlo, hay mucha oscuridad, también sé que hay desafíos más delicados, como muertes, accidentes de seres queridos… este es otro tema a tratar que no voy a profundizar en este libro, pero dime: ¿no es cierto que una vez consigues salir, eres una persona diferente, más sabia y preparada para algo mejor? ¿No es cierto que cuando cometes algún "fallo, error" en tus ventas, este te permite aprender más y prepararte para la próxima vez hacerlo mejor? No hay atajos ni vía rápida, si vas por la vía rápida te pasará como el vendedor que al conseguir dinero rápido al principio de su carrera se acomoda y piensa que todo es cuestión de suerte. Por eso, querido vendedor, te digo que cuando tengas un desafío es momento de apretar el acelerador para hacerte más fuerte y poder así pasar al siguiente nivel. Así mismo tienes que hacer cuando obtengas un resultado de ventas positivo, apretar el acelerador y no acomodarte, esto es lo que marca la gran diferencia entre los vendedores mediocres y los grandes vendedores y lo que te va hacer que tú también lo seas.

FUERTE, para vencer todos los obstáculos con valor y perseverancia.

FUERTE, para aprender de las experiencias y entender que no hay errores, solo aprendizajes.

FUERTE, para levantar la cabeza e ir con la mirada alta, mirar siempre hacia delante y ver el camino iluminado.

FUERTE, para sonreír siempre, saber que tienes el poder y que todo depende de ti.

FUERTE, para entender que cuando perdonas a otras personas, clientes que te hayan producido alguna situación dificultosa, en realidad te estás perdonando a ti.

FUERTE, para mantener la fe, dejándote acompañar por esa energía superior que a todos nos acompaña y saber que LA VENTA ES TUYA.

La clave está en saber que realmente somos libres y que a pesar de los obstáculos la vida y sobre todo tus ventas es decir tu profesión merece la pena ser vivida, la mayor parte de tu tiempo lo vas a pasar dedicándote a tu profesión, sea lo que sea a lo que te dediques, si entiendes esto puedes convertirte en un vendedor **extraordinario** y ante todo disfrutar de ello.

¿Y qué es ser extraordinario?

La misma palabra te lo dice EXTRA-ORDINARIO lo que quiere decir hacer las cosas diferente y esforzarte al máximo en todo lo que hagas, las personas suelen ser ordinarias, se rigen por lo que tienen que hacer, o les mandan hacer, en su trabajo, de ahí no pasan, piensan que si hacen más, dedican más tiempo, esfuerzo, están regalándose. Pero mi punto de vista es que realmente no están haciendo lo que aman, porque cuando tú estás en tu propósito, no te importa dedicarle tiempo, en realidad tu vida gira en torno a ello, y si estás trabajando para otra persona, haces lo que te gusta y eres emprendedor, terminarás encontrando la manera de trabajar para ti, sin importarte el tiempo que le tengas que dedicar. Lo que ocurre es siempre lo mismo, el precio a pagar y la falsa comodidad, ¿quieres vender más y con ello ganar más dinero? Haz algo extra, deja de ser ordinario y conviértete en un vendedor extraordinario.

Para Ser Un Vendedor Extraordinario, Tienes Que Hacer Las Cosas Extraordinarias

Otro punto muy importante a tratar es el de evitar las distracciones y valorar tu tiempo.

Por ejemplo, una de las herramientas básicas de un vendedor es el móvil, si no lo controlas no siempre puede jugar a tu favor, debes de aprender a manejarlo sobre todo en tus horas de trabajo, en el móvil aparte de tus contactos, llamadas, correos, agenda...

etc., tienes muchas aplicaciones y cosas personales que pueden distraerte fácilmente. Las distracciones pueden ser tu peor enemigo, porque cuando tu cerebro se distrae, tarda más tiempo del que te gustaría en volver a centrarse aunque sea un segundo. Es importante mantener el foco y la concentración en el objetivo, para conseguir la mayor efectividad para ti y tus objetivos de ventas, si te pasas el día mirando el whatsapp, internet, correos, videos... etc., acabarás atrapado en los asuntos de otros, además gastarás tus energías en ello y tiempo.

El tiempo es uno de los factores más importantes en nuestra vida, porque hay cosas que puedes recuperar en esta vida, pero el tiempo no es una de ellas.

"EL TIEMPO ES ORO"

Piensa en esto.

¿Qué es lo más difícil de conseguir de un cliente potencial?

Una visita, (que nos dedique tiempo).

¿Estás de acuerdo conmigo?

¿Por qué?

Porque un cliente potencial entiende que su tiempo es lo más valioso que tiene, lo gestiona eficazmente, su tiempo de trabajo lo dedica a lo que es realmente importante y beneficioso para su negocio.

Por este motivo es importante que tú también valores tu tiempo, que reconozcas el valor del tiempo y aprendas a gestionarlo eficazmente. Para ello no debes malgastar tu tiempo, entretenerte en cosas que no le vayan aportar valor a tus ventas, incluyendo a las personas que no sean beneficiosas para ti y para tus ventas. Esto es algo que la mayoría de personas pasamos por alto, es muy importante, las personas con las que te rodeas, si especialmente son negativas, pueden infectarte con su mala energía arruinarán todas tus posibilidades de éxito. Por el contrario si son positivas pueden impulsarte, apoyarte hacia el logro de tus objetivos. Lo que te quiero decir es que escojas con cuidado tu grupo de amigos y asociados en las ventas, acércate a las personas positivas, aquellas que tienen metas y se mantienen en su objetivo, contra más virtudes tengan y admires de ellas mejor.

¿Crees que las personas con mucho éxito, salen a tomar un café con cualquiera? Esto es algo que me costó mucho entender, porque como la mayoría de personas, esta actitud me resultaba egotista, pensaba que las personas de éxito, conocidos, grandes empresarios, millonarios… eran personas independientes, extremistas, poco humildes… hasta que entendí, que no es nada de esto, es amor propio, es valorarse, cuando tú sabes el esfuerzo, dedicación, constancia, concentración hacia el logro de los objetivos que necesitas tener, entonces entiendes por qué estas personas no se juntan con otras, entiendes que por vibración no es posible que estén juntas, es como si hablaran diferente idioma, en realidad es el mismo idioma, pero con diferente energía, los negativos utilizan palabras que te mantienen en un bajo nivel de energía y los positivos utilizan palabras que te hacen subir el nivel de energía. Si tú estás en un nivel alto y te viene alguien hablándote de fracasos, escasez, penas, esto va hacer que bajes la energía y no lo vas a entender. No debes dejarte infectar por personas negativas que no te aportan nada positivo, y eso no significa que no los quieras, o que todo sea de color de rosa, no tiene nada que ver con eso, todos sabemos lo que sucede en el mundo, pero ¿si no puedes hacer nada en este momento para solucionarlo, de qué te sirve estar pensándolo? Incluso todo lo contrario, precisamente por este motivo y porque sabes la importancia que tienen los pensamientos, palabras y actos, no les vas a dar opción de que, por lo menos contigo, creen mala vibración, y mucho menos tú lo crearás, lo mismo debes de hacer con tus compañías en las ventas. Esta es la única verdad y lo único que puedes hacer si quieres cambiar algo. Además tu cerebro es como un músculo, si no lo ejercitas en menos de unas horas ya está adaptándose de nuevo a los viejos hábitos, pensamientos y acciones donde provenía.

En mi caso, soy una vendedora bastante solitaria, tanto cuando estoy trabajando como en mi vida personal, no salgo a tomar café, ni almorzar con cualquiera, esto no significa que me guste estar sola y no siempre ha sido así, pero he aprendido a escoger mis compañías y valorar mi tiempo, ser una persona muy selectiva a la hora de escoger las amistades, y la verdad al principio me parecía duro, pero me di cuenta de que cuando no lo hacía, igualmente estaba sola porque todo lo que hacía era retrasar mi crecimiento sin hacer nada productivo.

Hay una frase que me encanta, que dice así:

El Cálculo Es Fácil:
Si No Vas A Sumar, No Restes.
Si No Me Ayudas A Volar, ¡Despéjame La Pista!

Valora el tiempo porque su incorrecta gestión puede interferir negativamente en tus resultados.

Saca todo tu potencial y sal a vender tomando acción masiva, no te pongas excusas tipo (hace calor, hace frío, es lunes, es viernes, mañana lo llamo, es que la zona es mala... etc.) si algo no te funciona cambia el enfoque, detecta tus propias excusas y vuelve a la acción una vez más, controla a LA ANTONIA, ya sabes que ella lo que quiere es protegerte y que estés cómodo, sácala de la zona de confort, para ello tienes que obsesionarte con tus ventas y objetivos con perseverancia, eliminar la pereza, no hacer lo que tienes que hacer tiene consecuencias negativas y además afecta a la autoestima.

ATENTO A ESTA HISTORIA.

Hay tres vendedores descansando en un banco y dos de ellos deciden ir a vender.

¿Cuántos vendedores hay ahora?

Sigue habiendo tres vendedores.

Mientras los que piensan en ir a vender no se levanten y vayan a vender, seguirán estando en el banco.

¿Lo ves?

Esto es lo que les pasa a la mayoría de las personas, pasan mucho tiempo pensando en hacer cosas, pero de nada sirve pensar mientras no tomen acción y lo hagan.

MOTIVACIÓN

La palabra motivación viene del latín *motivus* (movimiento) y *ción* (acción-efecto) lo que significa tener un motivo para hacer algo.

¿Te has levantado alguna vez sin ganas de vender, desmotivado y sin energía?

Esto nos ha pasado alguna vez a todo el mundo y no solo a los que nos dedicamos al mundo de las ventas, pero es cierto que los vendedores nos enfrentamos todos los días a una gran presión (rechazos, problemas, gente tóxica) esto puede desmotivarnos continuamente, e incluso afectar a la autoestima.

Esto es una realidad, pero si aplicas lo que te voy a contar ahora, podrás diferenciarte del resto de vendedores, porque cuando un vendedor tiene todo a su favor es fácil vender, pero es en los momentos difíciles cuando puedes marcar la diferencia, la clave está en cómo reacciones ante estos momentos, en como soluciones los problemas y te vendas soluciones a ti.

Pero:

¿Cuál es la clave para motivarnos?

Las personas buscamos las motivaciones externas, personas que nos motiven, incentivos, promociones, aprobación de nuestro jefe, reconocimiento de la familia (esposa, hijos, compañeros), recompensas... etc.

Si un vendedor necesita estos estímulos para vender, tiene un gran problema, porque si desaparece ese estímulo, entonces la motivación será temporal y desaparecerá.

Los Buenos Vendedores Son Los Que No Necesitan Estímulos Externos Para Vender.

La motivación es la clave que te permite conseguir poner y mantener los hábitos adecuados para llegar a tus objetivos de ventas, lo que te va a impulsar a actuar es el incentivo que buscas en las cosas que haces. Pero es importante que entiendas que la motivación que necesita un vendedor tiene que ser interna, según mi experiencia la clave está en la AUTOMOTIVACIÓN lo que quiere decir que tienes que ser tú mismo el que se motive.

¿Cómo?

Principalmente y como te vengo diciendo constantemente, gobernando tus pensamientos, creencias, dialogo interno, palabras, dialogo externo y obra, tomando acción, enfocarte en tus objetivos con claridad.

Tu motivación tiene que depender de ti mismo, tu trabajo está en descubrir las razones por las que te levantas todas las mañanas con ilusión, energía y entusiasmo, es decir debes de saber con claridad ¿qué es lo que tú quieres, por qué y para qué lo quieres? Normalmente las personas sabemos y nos enfocamos en lo que no queremos, eso es un gran problema, es como "andar como un pollo sin cabeza" dando bandazos por ahí, pegando golpes sin saber a dónde quieres llegar. De este modo tu energía está dispersada, es imposible que te salgan bien las cosas. Si ya para empezar andamos pensado en lo que no queremos en lugar de en lo que queremos, ya empezamos mal, porque estamos prestando atención a lo negativo en lugar de lo positivo. Por el contrario si aprendes a gobernar tu mente, mantenerte firme hacia lo positivo, manteniendo el enfoque adecuado, centrando tu energía en un sólo objetivo, el que te permitirá llegar con más actitud y claridad porque a lo que le prestas atención energía y enfoque se extiende.

Me costó muchísimo llegar a entender esto, créeme no fue fácil porque llevaba 33 años con una mentalidad mediocre, alimentando a la negatividad y el victimismo, estas dos cualidades que me definían perfectamente. Recuerdo en una ocasión en la que mi hermana me hizo la pregunta del millón, la llamo así porque fue la que me hizo rica, no económicamente, sino rica interiormente.

¿Qué es lo que quieres para tu vida?

¿Sabes cuál fue mi respuesta?

No quiero sufrir, no quiero este trabajo, no quiero malas personas a mi lado, no quiero estar sola, no quiero…… no quiero.

A lo que mi hermana contestó, no te estoy preguntando lo que no quieres, te estoy diciendo que me digas que es lo que quieres. Si no sabes ni lo que quieres ¿cómo vas a obtenerlo?

Te parecerá increíble, pero le volví a contestar lo mismo.

No quiero…… no quiero…… no quiero.

Volvió a insistir, y me enfadé con ella, me puse a llorar y me fui a mi casa. En plan víctima, para no perder mí esencia.

¡INCREÍBLE! ¿Verdad? Pues así de pobre estaba yo.

Cuando llegué a casa, seguí llorando un buen rato y después me pare a pensar, mi hermana "bendita sea, la amo" tiene razón. Asumir esto y darle la razón a mi hermana por aquel entonces para mí ya fue un gran paso.

A continuación me hice la pregunta del millón.

¿Qué narices es lo que quiero? Y comencé a investigar qué es lo que me gustaba hacer, soñar, practicar, amar, estudiar… conocerme a mí misma, porque ni me conocía, ni sabía lo que quería en ningún área de mi vida, simplemente vivía el día a día dejándome influenciar por las expectativas de lo demás y anteponiendo a todo el mundo antes que a mí, a ver si así tenía "SUERTE" y venía alguien a hacerme feliz, solucionarme la papeleta.

¿Cuántas personas viven de este modo?

Debes de saber que la suerte la creas tú, que la felicidad es tú decisión, que la persona con la que tienes que pasar el resto de tu vida es contigo, las demás personas vendrán y se irán, y tú te quedarás contigo mismo, a ti es a quien te tienes que vender, cuidar, mimar y escuchar. Conciénciate de que hacer esto no es egoísmo, es amor propio, si tú no te llenas de este amor, difícilmente vas a poder compartirlo con nadie, porque no puedes dar lo que no tienes. Y que tienes que estar mínimo otros tantos años trabajando esta mentalidad positiva para compensar todo el tiempo que llevas con mentalidad mediocre, lo bueno es que conforme lo vayas adaptando ya no supondrá un esfuerzo porque más que un hábito, será una forma de vida que adorarás, es tanto el bienestar que te aportará que no querrás cambiarla por nada ni nadie, más bien la adaptarás a las circunstancias y escogerás siempre los hábitos y personas que te permitan crecer.

Bien, pues, querido lector, todo esto es lo que ahora yo siento, me he dado cuenta de que, igual que yo he estado ahí, quizás haya más personas pasando por la misma situación o parecida, gracias a que yo ya pasé por allí, ahora puedo verlo, ponerme en la piel de la persona, saber en qué estado de conciencia está, lo que puede estar pasando, y lo peor es que no son conscientes de la importancia que tiene. Porque si tú no sabes dónde vas, es fácil que te pierdas por este camino llamado VIDA, no es fácil vender así, aportar lo mejor de ti, dar un buen servicio, ser feliz vendiendo, si lo principal, que eres tú no está bien, nada de tu alrededor podrá estarlo. Porque todo lo que ves en el exterior es un reflejo de lo que tienes en tu interior. Por eso pienso… ¿y si puedo quitarle ese sufrimiento a alguien? O por lo menos hacerles conscientes de que si yo he podido todo el mundo puede, porque nadie es más que nadie, todos tenemos un poder ilimitado que ni nos imaginamos, lo único que nos hace diferente es la mentalidad y la manera en que actuamos dejándonos influenciar por estos. Mi intención con este libro es guiarte, contándote los pasos que yo he dado, los hábitos que he ido incorporando, para que tú también puedas hacerlo y sobre todo experimentar el bienestar que se siente cuando te enfocas hacia un cambio de conciencia, cuando lo consigues, una vez lo sientes, experimentaras cómo los cambios influirán en tus ventas, área laboral, y entorno, donde tú también podrás ser un guía, influyendo a través de tu ejemplo, en tus hijos, familiares o personas cercanas. Esto es algo que sucederá, porque cuando tú cambias, todo cambia.

Y ahora te pregunto.

¿Cuántos años llevas con una mentalidad mediocre "negativa"?

Escríbelo:

____

Sabiendo esto tu misión ahora es escoger bien lo que quieres para tu vida y tus ventas, es lo que te va a motivar para conseguir lo que te propongas, aprende a utilizar estos motivos como palanca para alcanzar tus ventas, busca las razones que te gusten a ti, piensa solamente en ti, ya sabes que al contrario de lo que nos han enseñado, no es egoísmo es amor propio, si haces esto te será más fácil tomar acción todos los días para obtener lo que quieras.

Busca en tu interior y hazte estas preguntas:

¿Qué es lo que yo quiero, cuál es mi objetivo, por qué y para qué?

MI EJEMPLO.

Las tres A de un vendedor, APRENDER, AYUDAR, AMAR.

- LO QUE YO QUIERO: es vender con valores, ayudar a mis clientes a través de mis productos, servicios, y transmitir esta filosofía de vida a las personas.

- MI OBJETIVO: hacer lo que amo, transmitir a todos los vendedores del mundo estos conocimientos para que aprendan y pongan en práctica estos valores para vender con pasión y servicio.

- ¿POR QUÉ? : enseñando, sigo aprendiendo e interiorizando.

- ¿PARA QUÉ?: ser un buen ejemplo para mi entorno. Aportar mi semillita, para dejar un mundo de vendedores conscientes, felices, seguros, confiados, haciendo lo que aman y ayudando a los demás.

Ahora escribe, tus motivos.

¿Qué es lo que quieres?

____

____

____

¿Cuál es tu objetivo?

____

____

____

¿Por qué?

____

____

____

¿Para qué?

____

____

____

¿Lo tienes?

¡Fenomenal!

Buen trabajo, ¡felicítate! Estas serán tus motivaciones, una vez las interiorices, no habrá ningún día más de tu vida que te levantes sin ganas de vender, desmotivado y sin energía es un gran paso que te aportara unos mayores resultados de ventas y te permitirá disfrutar mucho más de tu profesión.

¡COMPRUÉBALO!

Ahora voy a darte algunas de mis estrategias de automotivación, que puedes aplicar a tu vida diaria, también te animo a que crees las tuyas propias.

LADRILLO A LADRILLO SE HACE UN CASTILLO.

Piensa que en cada cosa que vendes te acerca más a tu objetivo, aunque te parezca poca cosa en ese momento, quizás lo próximo que le vendas a ese cliente sea mucho más y mejor, todo tiene una gestación quizás este cliente empiece a crecer y ya habrás generado esa confianza para comprarte más, o quizás quede contento con tus productos, servicio y te recomiende a más personas.

Está muy bien enfocarte en tus clientes potenciales, pero no descuides a los pequeños, todos son importantes merecen ser tratados y servidos con la misma calidad. Quizás no puedas dedicarle el mismo tiempo que a un cliente potencial, pero la calidad sí debe ser la misma.

Existen muchos vendedores y compañías que una vez han aumentado sus ventas o subido su estatus, se centran en dar servicio a sus los clientes potenciales y descuidan a los pequeños clientes que en muchas ocasiones son los que de determinada manera en su momento les aportaron valor para poder llegar a donde están, desatendiéndoles, y dejándoles sin servicio sin darse cuenta de que con este gesto les están haciendo de menos. Puede ser que esto te ocurra y realmente ya no tengas tiempo para atenderles o quieras enfocar tu mercado hacia otra línea de cliente, es totalmente respetable, pero mí recomendación seguiría siendo la misma, no los descuides piensa en tus inicios y la satisfacción que sentías cuando conseguías esos clientes, ¿no crees que sentías tanta o más satisfacción como la que sientes ahora cuando cierras con un cliente potencial? Si es así, puedes por lo menos dejar a ese pequeño cliente, que en su día te dio tanto, en manos de otro compañero o compañía que sepas que le va a atender con el mismo amor que en su día le diste tú. Si haces esto estarás dejándole a tu cliente una buena sensación de ti como persona, y por otro lado estarás ayudando a tu compañero u otra compañía abriéndole las puertas hacia tu cliente. Los dos quedarán profundamente agradecidos contigo y tu satisfacción como persona profesional de ventas será más que gratificante.

Recuerdo que en época de crisis hubo muchos clientes potenciales que cerraron y dejaron grandes cuentas por liquidar, sin embargo muchos vendedores sobrevivieron gracias a los pequeños clientes, esos que llevaban con su negocio de toda la vida, esos que aunque poco a poco hacían las cosas bien, eran pequeñitos seguían comprando lo mismo, pero tenían más control de sus compras.

Esta forma de pensar puede ayudarte a mantenerte hacia tu objetivo y no dejarte llevar por la avaricia del ego, que cuando todo va bien, si no tienes valores es difícil de controlar.

PIENSA EN POSITIVO.

Para vender más tienes que pensar en positivo, el 80% de la venta es un estado mental óptimo.

¿Te has fijado que existen vendedores que parece que todo les salga bien?

Pues bien, esto no es porque sean más guapos o más feos, la vida no es siempre de color de rosa para algunos, y negro para otros, la vida no es así de injusta, la vida no señala, no elige, no tiene preferencias por unos, ni discrimina a otros ¡NO! Lo que sucede es que estas personas han aprendido a ver lo positivo de cada cosa que les sucede, han aprendido a ser optimistas, dominar sus pensamientos y pensar que, todo lo que hacen va a salir bien, sacan el mayor aprendizaje de cada experiencia, aunque esta no haya sido tan positiva.

Nuestro cerebro nunca permanece en silencio, aunque tú estés callado, tu cerebro está hablándote continuamente, y habitualmente en negativo, diciéndote cosas como, "es difícil venderle a este cliente", "no te va a comprar", "hoy no es tu día"... etc., esto proporciona un efecto negativo en ti y te hace sentir mal. Pero tú puedes cambiar tus pensamientos y hablar contigo mismo.

¿Cómo?

Observa tus pensamientos, mantente por encima de ellos y déjalos pasar, no fuerces a no querer pensar, si haces eso te desesperaras, simplemente tienes que ser un observador y tomar consciencia de como piensas.

Si haces esto, te darás cuenta de que la mayoría de tus pensamientos son negativos, ahora bien poco a poco debes convencerte de que eso no es así, tú tienes el poder de cambiar tus pensamientos y las cosas que no te gustan, solo tienes que creer que es posible, tener voluntad y confianza en ti mismo.

Tienes que saber que lo que tú quieres está ahí, hay muchos vendedores que lo tiene y disfrutan. Dite a ti mismo que vas a conseguir esa venta, que estás bien preparado y que tu producto es fabuloso, ¡créetelo!

Ambas formas de pensar son gratis, sin embargo pensar en negativo tiene un gran coste y no te va llevar a cumplir tus objetivos, puedes elegir.

¿Cómo quieres pensar?

Piensa en esto:

El móvil que tienes, la silla en la que estás sentado, el libro que estás leyendo, fue en algún tiempo atrás una idea en la cabeza del que lo diseñó, lo tienes en tus manos o en frente de ti porque el que pensó en la idea lo hizo realidad.

TÚ PUEDES HACER LO MISMO CON TUS VENTAS.

Todos somos personas de éxito TODOS tenemos un gran potencial que (Dios, el universo, la naturaleza) nos ha dado. Solo tienes que aprender a potenciarlo, tienes que saber que si lo puedes pensar, lo puedes crear.

¿Lo crees?

Piensa en tu vida hace 10 años. ¿estás viendo ahora la vida que pensabas y tienes lo que pensabas por aquel entonces? No digo que estés viviendo la vida que quieras porque quizás no sabías ni lo que querías, ni si era bueno para ti o no, eso es otra historia. Pero seguramente sí estés viviendo conforme pensabas. Lo cual verifica que lo que te acabo de contar es cierto.

Entonces ¿estás de acuerdo en que…… SI PUEDES PENSARLO, PUEDES CREARLO? ¿estás de acuerdo de que eres una persona de ÉXITO?

Si todavía no estás convencido de ello:

MIÉNTETE HASTA QUE SE HAGA REAL.

EJERCICIO:

Anota en tu libreta una gran mentira acerca de qué tan fabuloso vendedor eres.

La mentira tiene que ser escrita de tal manera que suene increíblemente fabulosa.

Ejemplo:

YO SOY EL MEJOR VENDEDOR DEL MUNDO, PROFESIONAL Y EFECTIVO, YO VENDO CUALQUIER COSA QUE ME VENGA A LA MENTE, TENGO UNA CARTERA DE CLIENTES POTENCIALES QUE ME VALORAN Y VALORAN MIS PRODUCTOS, ME MEREZCO LO MEJOR Y LO VOY A TENER POR QUE AMO LAS VENTAS, Y LAS VENTAS TRANSFORMAN MI VIDA.

El truco está en soñar en grande, porque un gran sueño será capaz de mantenerte en positivo, inspirarte y activar el engranaje de tu mente subconsciente.

Miéntete a ti mismo, imagina y actúa como una persona llena de talentos y habilidades extraordinarias.

Si haces esto empezarás a sentir la inmensa satisfacción de haberlo conseguido incluso antes de que ocurra y ya no tendrás la duda en tu mente de que lo conseguirás y te asombrarás gratamente cuando veas tus ventas y tu personalidad creciendo y transformándose en realidad.

Es hora de elevarte al siguiente nivel en tus ventas.

Solo tu estado mental es el que te impide avanzar. Nuestra mente no entiende de negaciones, lo que él hace es asociar imágenes a nuestros pensamientos, la palabra NO, no tiene imagen representativa para nuestro cerebro. Por eso cuando tú dices "no quiero tal cosa" lo que el cerebro está viendo es "tal cosa" lo que quiere decir que si lo quieres o no lo quieres, eso a él no le importa, el solamente va a responder a tu pensamiento.

NO PUEDO.

A partir de ahora ten cuidado con tus pensamientos, tus palabras y tus afirmaciones, porque tus pensamientos se hacen tus palabras, **tus palabras no se las lleva el viento,** esto me lleva a recordar y poner de ejemplo la famosa frase de la película lo que el viento se llevo que decía:

Aunque tenga que matar, engañar o robar, a Dios pongo por testigo de que jamás volveré a pasar hambre" (Scarlet O'Hara).

Puedes ver como la protagonista utilizó el poder de sus palabras, aunque en ese momento no podía ver como lo iba a hacer, lo tenía claro y lo decretó de tal forma, con tanto sentimiento y emoción que no solo se convenció a ella si no que nos convenció a todos de que nunca más iba a pasar hambre.

Tú puedes hacer lo mismo, crear afirmaciones que sellan tu destino en tus ventas.

Otra herramienta para motivarte puede ser, la música.

LA MÚSICA ES EL LENGUAJE UNIVERSAL.

La música puede hacerte cambiar de estado de ánimo rápidamente, dependiendo de la música que escuches, esta puede hacerte feliz o puede hacerte llorar.

Escuchar música adecuada con energía positiva mientras vayas a un cliente, puede ayudarte a afrontar el día con ánimo, es una excelente herramienta que puedes utilizar para mejorar tu estado emocional.

Mi recomendación es que escuches música movida por lo menos cuando estés en horas de trabajo, con letra positiva y que incite a moverte, como en el coche es complicado moverte mucho, una técnica poderosa es que mientras la escuchas,

PIENSES EN TUS MAYORES ÉXITOS.

¿Por qué?

Pensar en tus éxitos del pasado, grandes ventas que hayas logrado, objetivos logrados, momentos en los que te hayas sentido exitoso… etc. Te dará otra perspectiva sobre ti, te resultará más fácil sentir que eres capaz de hacer grandes cosas, porque si ya lo hiciste una vez, ya sabes que puedes lograrlo siempre que te lo propongas. Además estarás proyectando el crecimiento y el éxito.

CELEBRA TUS ÉXITOS.

Celebrar tus éxitos te ayudará a ser más eficaz y elevará tu autoestima porque estarás reconociendo que eres valioso y capaz de lograr lo que te propongas, continuarás poniendo tu atención en lo positivo. Además inspiras a los demás, siendo un ejemplo para ellos, el éxito es contagioso crea buena energía y atraerás a ti a personas exitosas, porque a las personas nos gusta y debemos rodearnos de personas positivas y alegres. Has escuchado la frase: **el éxito engendra éxito o el dinero atrae el dinero.** Esto es real, ocurre porque en esos momentos estás generando una energía superior la que emite una vibración que permite atraer hacia a ti cosas que emiten una misma vibración. Por eso la importancia de celebrar los éxitos, es más yo te diría que no solo los celebres, sino que además los compartas, las personas habitualmente hablamos más de nuestro fracasos que de nuestros éxitos, cuando nos cruzamos con alguien parece como que están esperando a que les cuentes penas, y si por el contrario cuentas alegrías, te ven siempre feliz, como que te tachan de raro, llegan a pensar que no es normal, lo que hace que tú mismo ya ni siquiera cuentes tus éxitos por miedo a que te critiquen, o piensas que vas hacer sentir mal a alguien, porque no es lo habitual contar los logros. Pero he de decirte que el estado natural de las personas es encontrarse bien, feliz, alegre, motivado, apasionado, sano, cuando uno no se siente así es una señal de que algo está haciendo mal. Si esto sucede, si alguien se siente mal, o se ofende cuando tú cuentas tus logros, tienes que saber que el problema no está en ti, es algo que está en él y debería de mirarse. Además si cultivamos el hábito de contar nuestros éxitos, estaremos contribuyendo a una mejora de nuestro planeta porque estaremos generando un tipo de energía positiva, si ya sabemos que a lo que le prestamos atención crece, es nuestro deber hacerlo. Te animo a que cuentes tus éxitos, con la intención de aportar valor, generar otro tipo de energía y elevar a la otra persona haciendo entender que si tú puedes ellos también pueden, tú sabes cómo hacerlo, sólo con este gesto puedes ayudar. No es necesario montar una fiesta, aunque dependerá del éxito obtenido (si lo crees necesario, por supuesto hazlo). Basta con que te hagas consciente del éxito logrado, te felicites, te premies y te reconozcas.

Felicítate por todo, cuando encuentres una calle, cuando hagas las cosas bien, cuando integres cualquier hábito de los que te propongo en este libro, cuando hagas un cliente nuevo, cuando vendas (aunque sea poco) date una palmadita y dite lo bien que lo has hecho, lo bueno que eres y orgulloso que estás de ti. No te pasa que cuando haces mal alguna cosa, o no te sale como querías, te auto castigas, diciéndote cosas como, "qué torpe soy" "soy un desastre" "estoy empanado", qué curioso verdad que por las cosas malas nos castigamos y sin embargo por las millones de cosas buenas que hacemos no nos felicitemos. Esto es lo que hace que la mayoría de personas sufran por problemas de autoestima, pero la buena noticia es que tú ahora ya lo sabes, toma las riendas de tus ventas y a partir de ahora:

¡FELICÍTATE! POR TODO.

Comienza ahora mismo:

"DATE LA ENHORABUENA POR QUE TE ESTÁS CONVIRTIENDO EN LA MEJOR VERSION DE TI MISMO"

Motívate a hacer todo lo que te apetezca y creas beneficioso para ti, para tu crecimiento, y si tienes miedo, te animo a que lo hagas con miedo porque aunque no salga como tú esperas siempre sacarás de cada situación algo positivo, nos han enseñado que el fracaso es malo pero yo te digo que:

No Hay Errores, Sino Aprendizajes.

Cuando me vi de frente ante el mayor desafío de mi vida, creí haberlo perdido todo, mi pensamiento era de fracaso, pero he aprendido que todo pasa por algo y que una pesadilla se puede convertir en un sueño, esa vivencia, momento o circunstancia solo te está enseñando algo.

Aprende a utilizar el fracaso como un escalón para tener más éxito, utilizándolo a tu favor, piensa que puedes encontrar en ellos muchas oportunidades para aprender. Es una buena oportunidad para ver tus debilidades y las cosas que puedes mejorar.

Las Cosas No Pasan Por Ti, Sino Para Ti.

Cuando te encuentres en una situación molesta o desagradable con algún cliente, piensa que cada rechazo, fracaso es un aprendizaje, repasa las necesidades del cliente, escúchalo y aprende.

Puedes hacerte estas preguntas:

¿Qué debí hacer de manera diferente?

¿Qué puedo aprender de esta situación?

¿Qué me está enseñando este cliente o situación?

¿Qué errores cometí?

¿Qué puedo mejorar?

Una vez aprendida la lección. Sigue auto motivándote.

APRENDE MIENTRAS CONDUCES.

Algunos vendedores pasan mucho tiempo en el coche, este tiempo puede ser muy productivo si decides ponerte audios de ventas o inspiración para aprender, crecer, y mantener tu nivel de energía elevado mientras conduces.

Escuchar un audio varias veces te ayuda a consolidar lo que aprendes. Es utilizar el poder de la autosugestión el que te permitirá hablar con tu mente y guiarla hacia lo que debe y necesita escuchar, no lo que quiere escuchar, mantenerla hacia el objetivo de tus ventas, reforzar los buenos hábitos, ser constante en esto puede hacer que las cosas funcionen más fácilmente. Es como cuando vas a venderle a un cliente y quizás él sepa lo que quiere comprar, desde el primer momento lo tiene claro, pero tú como vendedor sabes que lo que quiere, quizás no sea lo que necesita, tu trabajo es hacérselo entender. Pues lo mismo tienes que hacer con tu mente y para eso puedes apoyarte en la autosugestión. Cuando vayas en el coche piensa. ¿lo que estoy escuchando me acerca o me aleja de mi objetivo de ventas?

Existen estudios que demuestran que se puede obtener un equivalente a una educación universitaria a tiempo completo, con solo escuchar programas educativos en audios mientras conduces.

Aprovecha al máximo tu tiempo de conducción, convierte tu coche en una universidad sobre ruedas, te sorprenderá cómo a través de estos audios se programa tu mente, para decir y hacer lo que otros vendedores de éxito que estés escuchando, hacen en las situaciones de venta, llegarán a ti ideas brillantes y además estarás aprovechando el tiempo, en mejorar tu mentalidad de vendedor.

EJEMPLO:

15 minutos en llegar a un cliente + 15 minutos para llegar al siguiente cliente = 30 minutos

30 minutos al día x 5 días a la semana = 2,5 horas a la semana

2,5 hora semana x 4 semanas = 10 hora mes/ 10 horas al mes x 12 meses = 120 horas al año

120 HORAS EXTRAS para aprender más sobre ventas.

Querido lector, busca tus propios motivos para triunfar y llegar a tus objetivos, pero hazlo no te conformes con menos de lo que puedes llegar a ser, vender y contribuir en esta vida.

¡HAZLO, Y HAZLO YA!, no esperes a que pase más tiempo, el tiempo pasa muy deprisa y ya sabes que el tiempo es oro. El tiempo es lo único que no tenemos.

Busca tu propia motivación.

Familia, hijos, casa, coche, novio, marido, mejorar tu calidad de vida, autoestima, viajar, dejar un mundo mejor... lo que sea que te motive.

¡SUEÑA!

Pero sueña a lo grande y ve a por lo grande, tú puedes conseguir todo lo que te propongas, yo creo en ti ¿tú crees en ti? En tu interior hay un potencial esperando despertar, activa tu despertador, no lo pienses más, si tú no vendes por ti, alguien lo hará.

UN MAESTRO A SEGUIR.

Encuentra un maestro que en esta área, sea como a ti te gustaría ser, este donde tú quieras llegar, estúdialo, acércate a él e interactúa con él, sigue sus pasos, pregúntale cómo lo hace y cópialo, **Copiar no significa calcar**. A menudo, me encuentro con personas a las que no les suele parecer bien lo de copiar, es normal por la programación que tenemos desde la escuela, y es que cuando copiábamos a alguien, te caía un castigo o te ponían un cero directamente, en alguna ocasión y con un poco de suerte nos permitían volver a repetir el examen. Las personas se ofenden cuando observan que se copian, esconden sus habilidades para que no se puedan copiar de él, pero para mí es todo lo contrario, ¿qué hay de malo en copiar a una persona, que sabe de algo más que tú? ¿Si algo funciona por qué no copiarlo? **Copiar no significa calcar,** lo que quiere decir que no dejes de ser tú mismo. Quizás en el colegio, para un examen copiar no sea lo correcto, pero eso no significa que no nos sirva para otras cosas, siempre estamos influenciándonos por alguien, por lo que ¿no será mejor que nos dejemos influenciar por alguien que esté donde tú quieras estar, que por alguien sin resultados? Para mí es egoísta saber hacer algo muy bien, esconderlo, no compartirlo y enseñar a más personas para que puedan beneficiarse también de ello. Esto es un miedo egoico, de mentalidad de escasez, pensamos que si otra persona hace lo mismo que tú, está quitándote oportunidades a ti. Es justamente al contrario porque aunque haga lo mismo, nunca lo va hacer igual que tú, recuerda que tú eres único, lo que quiere decir que una persona puede aprender de ti, pero nunca será igual a ti, tú continuarás siendo tú, y si contribuyes en ayudar a alguien a lograr lo mismo que tú, tú crecerás más, porque estarás aportando, aplicando la ley del dar. Tienes que saber que el universo es abundante e ilimitado. Que la vida no es como el juego de las sillas, que tenemos que ir corriendo y cuando pare la música sentarnos rápido porque "NO HAY SUFICIENTE" sillas. Esto de que no hay suficiente es otra mentira, que nos han contado, es una creencia que debemos de eliminar. La abundancia es la verdadera naturaleza del universo, **el universo tiene capacidad para todo**, si no fuera así no se crearía, no existiría.

Te propongo un ejercicio en el que podrás comprobar lo sublime que es tu mundo.

Escribe durante los próximos dos días todo lo bueno y la magia que veas a tu alrededor. Por ejemplo:

-Un beso de tu hijo, el agua calentita de la ducha, un saludo, un paseo agradable, el mar, las nubes, la lluvia, una persona que te sujeta la puerta cuando vas a pasar, el sabor de los alimentos, escuchar una bonita canción, una persona que te escucha, un cliente satisfecho, agradecido, una venta hecha, una conversación con un cliente…… puedes ver cómo cambiando de percepción, concentrándote en la bondad, belleza y abundancia, el universo es ilimitado, puedes ver toda la belleza que nos rodea constantemente.

Ahora piensa esto.

¿Cómo te sentirías tú, si alguien te admirara como vendedor y con mucho respeto quisiera a prender de ti?

¿No sería maravilloso el poder aportar a esa persona tu conocimiento y habilidades de ventas, y gracias a ti pueda crecer y convertirse en una mejor versión de sí mismo?

¿Cómo te sentirías? ¡Bien!

Pues así se sentirá la persona que tú elijas como maestro, no significa que tengas que ser igual que él, simplemente que aprendas de él y después lo adaptes a ti.

Cuando integras todo lo que aprendas de tu maestro y domines esa área, tú también podrás volverte un ejemplo para alguien más, ser un modelo a seguir, esto te brindará una enorme satisfacción y despertará en ti múltiples emociones positivas.

Estudiar Un Día Con Un Maestro Es Más Eficaz Que Mil Días Leyendo.

Pero para convertirte en un maestro a seguir y mantener la automotivación es necesario tener.

PERSEVERANCIA.

Cuando hablo de perseverancia no me refiero a los típicos vendedores que no aceptan un no por respuesta, para ellos vender es ofrecer servicios que en muchos casos ni siquiera el cliente necesita. Muchas veces lo hacen en momentos y lugares inapropiados, utilizan técnicas de control y manipulación, no creo que eso sea ético, no es necesario manipular o engañar a la gente para que compren algo que no necesitan, solo por cubrir unos objetivos y llevarse la comisión, esto es pan para hoy hambre para mañana. Es justamente lo que debemos de evitar, la venta tiene que ser de corazón, cuando tú sabes que tienes un producto o servicio bueno y que realmente puede ayudar, eso es lo que tienes que transmitir, ser honesto, respetar al cliente a que tome su decisión. Si tú transmites estos valores al cliente, aunque ahora no te compre porque en ese momento no lo necesita, el día que lo requiera, se acordará de ti con la misma honestidad y amor con el que tú le ofreciste tu tiempo y producto, entonces será él el que te llamará y será el momento de cerrar la venta.

La venta no siempre se produce en el primer momento se puede prolongar durante mucho tiempo y que se haga efectiva en el espacio del tiempo.

Para mí la perseverancia de un vendedor, es la manera de mantenerse constante en sus proyectos y metas, aun cuando las circunstancias sean adversas no rendirse ni abandonar, el 90% de los vendedores no tienen perseverancia para continuar y seguir adelante a pesar de las dificultades, si logras obrar con perseverancia en tus ventas, mentalidad y hábitos, los progresos serán evidentes en muy poco tiempo.

No tengas prisa en conseguir los resultados y no intentes ir por la vía rápida, por atajos que más que adelantarte te entorpecerán el camino. Todo tiene su tiempo, habrá clientes que lo tengan claro y cierres la venta, pero existen muchos otros que necesitan su tiempo. ¡RESPÉTALO! Piensa que, antes de obtener tus resultados, el cliente tiene el derecho de pasar por un proceso de reflexión, en el que finalmente llegue a la conclusión de que si adquiere el producto o servicio va a salir beneficiado.

"Si como vendedor no cosechas nada, no recogerás nada".

PARÁBOLA DE LA SIEMBRA Y LA COSECHA

Aquel día salió Jesús de la casa y se sentó junto al mar. Se le juntó mucha gente; y entrando Él en la barca, se sentó, toda la gente estaba en la playa. Y les habló muchas cosas por parábolas, diciendo: «He aquí, el sembrador salió a sembrar. Y mientras sembraba, parte de la semilla cayó junto al camino; vinieron las aves y la comieron. Parte cayó en pedregales, donde no había mucha tierra; y brotó pronto, porque no tenía profundidad de tierra; pero salido el sol, se quemó; y porque no tenía raíz, se secó. Parte cayó entre espinos; y los espinos crecieron, y la ahogaron. Pero parte cayó en buena tierra, y dio fruto, cuál a ciento, cuál a sesenta, y cuál a treinta por uno.

EL QUE TENGA OIDOS PARA OÍR, QUE OIGA».

Por otro lado, claro está también que hay semillas que crecen más rápido que otras y hay semillas que al plantarlas no obtiene solo un fruto, si no que puede ser un arbusto, una planta o un árbol con muchos frutos y de esos frutos más semillas.

Dependiendo del tipo de producto que estemos vendiendo el resultado puede ser multiplicado y el proceso será más o menos largo. Comprende que todo proceso tiene un orden lógico para el vendedor, no puedes pretender recoger una cosecha sin haber sembrado antes.

Si examinamos el caso de un agricultor, es imposible que él pretenda recoger una cosecha si algún tiempo atrás no sembró su campo.

La teoría parece muy lógica y clara, pero te asombrarías de la cantidad de vendedores que he encontrado que espera obtener cosechas sin haber sembrado.

Por otro lado, observa y si estás disconforme con lo que estás cosechando "resultados", fíjate en la semilla que estás plantando, porque mientras no cambies la semilla no cambiará el fruto "resultados".

Esto es como decir.

* Quiero un aumento de sueldo, pero no me estoy esforzando.

* Quiero una casa, pero no estoy ahorrando.

* Quiero vender, pero no estoy saliendo a visitar.

Persigue siempre tus objetivos, sé perseverante, decidido, termina siempre lo que empieces, esto te ayudará a tener más confianza en ti, piensa que como haces una cosa las haces todas y si no terminas los proyectos, o metas que te pongas nunca lograrás nada.

Hazte estas preguntas:

* Si tu exterior esta desaliñado, ¿cómo estará tu interior?

* Si llegas tarde a las reuniones, ¿a cuántos clientes llegarás tarde?

* Si tienes 1000 euros y gastas 1000 euros, ¿cuánto tendrás cuando te jubiles?

Es un ejemplo para que veas que, así sea tu vida así serán tus ventas. Por lo general un vendedor perseverante se mantiene enfocado en sus objetivos trabajando con constancia, son optimistas, positivos, tienen una alta capacidad de control por terminar lo que empiezan y alta autoestima.

Lo quiero que entiendas es que la perseverancia tiene que estar en ti, no en tu cliente. El objetivo principal de un vendedor profesional debe de ser siempre el de servir, ayudar y facilitar la vida a sus clientes. Ser un vendedor íntegro, honesto y con valores está al alcance de todos, pero para ello tiene que ser un apasionado de esta profesión y amar las ventas. Tienes que saber muy bien lo que quieres lograr y decidir apostar por ti, por tus metas y sueños. Esto es lo que tienes que lograr tú, si quieres más ventas, porque el éxito no llega de la noche a la mañana, es un trabajo continuo, riguroso, consistente y prolongado. El éxito es responsabilidad tuya, compromete, hazte 100% responsable de tus ventas y actitudes, cada uno es libre de vivir sus ventas como quiera, pero si decides vender con valores nunca tendrás que vender nada, porque lo harás con amor, los clientes te buscarán, serán ellos los que vengan a ti, porque confiarán en tus conocimientos, profesionalidad y productos, sin que tengas que perseguirles, molestarles o engañarles.

Vive tus ventas con coherencia, vendiendo sin vender, de un modo natural, en este caso no estarás vendiendo sino que te estarán comprando, porque todo es un dar y recibir, un compartir desde el amor por las ventas.

SUELTA EL CONTROL HACIA TUS CLIENTES

No fuerces, aprende a soltar a los clientes y competencia.

Aprender a soltar significa dejar de forzar una situación para que se dé como nosotros deseamos que se dé, tienes que ser perseverante, pero sin apegarte a los resultados porque cuando pierdes un cliente o te aferras a que te compre puede ser doloroso, por eso es necesario que aprendas a soltar, porque todos perdemos clientes, nada es permanente, en la vida todo cambia y ante ese hecho tenemos dos opciones.

* fluir con el cambio.

* Quedar atrapado en el sentimiento o situación dolorosa, que te impide seguir avanzando y disfrutar de tus ventas.

En ocasiones soltar no es necesariamente un sacrificio ni un adiós, sino más bien un gracias por todo lo aprendido, porque si analizas a un cliente que no te quiere comprar te va a permitir crecer, desarrollarte y con el tiempo puede volver a ti.

Con frecuencia los vendedores queremos que nos compren a pesar de saber que no existen los elementos adecuados en ese momento para que así suceda, a veces simplemente no es el momento, ya lo está comprando y está satisfecho "de momento".

Si un cliente te da largas con frecuencia, te dice que lo tiene que pensar o te pone mil excusas, quizás es el momento de despedirte con el mismo respeto y profesionalidad con el que llegaste y te presentaste.

Recuerda que tu tiempo es muy valioso, y este tiempo puedas dedicarlo a prestar atención a otros clientes que puedan darle más valor a tu trabajo.

En este caso, muéstrate siempre amable, hazle saber que estas disponible para lo que necesite.

Todo Tiene Su Fin, Pero Ese Fin Puede Ser El Principio Para Algo Nuevo.

VIII

HÁBITO

EL EJERCICIO AYUDA A VENDER.

¿Haces deporte?

Si no lo haces, deberías.

El ejercicio físico no solo es importante para tu vida personal, sino también para tus ventas, los vendedores que tienen el hábito de realizar ejercicio físico, están psicológicamente descansados y más animados. Y es que hacer deporte te ayudará a combatir el estrés y liberar tensiones, con el deporte consigues aumentar tu autoestima, el aspecto físico te mejora, te sentirás con mayor confianza, a la vez que interiormente tu cuerpo también presentará mejores condiciones, con unas velocidades de reacción y pensamiento más ágiles.

El Deporte Es Una Gran Fuente De Inspiración Para El Vendedor.

Hoy en día existen variedad de deportes que son muy beneficiosos para despejar la mente y a la vez mantenerte en forma, ya sé que puede que entre el cansancio, la rutina y el estrés no te quede mucha energía para practicar aeróbicos, pero eso no tiene por qué ser un problema porque puedes beneficiarte de muchos otros deportes más tranquilos y no por ello menos efectivos. Lo importante es que sepas elegir el deporte más adecuado para ti. La mayoría de las personas tienen la intención de hacer ejercicio pero lo van postergando, por pereza, falta de tiempo, baja energía, cansancio, un sin fin de excusas todas ellas causadas por la mente. Pues bien, todas estas emociones, son señales, lo que te están diciendo es que algo falla, que un cambio de hábitos y buscar alguna actividad saludable de ejercicio seguro que te va ayudar. Ya sabes cómo funciona LA ANTONIA, observa cómo quiere estar cómoda y cuando detectes este tipo de excusas, ya sabes, dile… ¡AQUÍ MANDO YO! Ponte en acción y vete a practicar deporte. Los primeros días te costará, pero te seguro que cuando adquieras este hábito, te sentirás fantásticamente bien, con una energía y vitalidad diferente y además, sentirás el bienestar que te produce el saber que tú tienes el control sobre tu mente, que tú NO eres tu mente.

Tú Eres Lo Que Tú Quieras Ser.

Busca un hueco para hacer ejercicio, si no tienes tiempo fabrícalo, literalmente. Lo que quiere decir es que le des la prioridad que se merece, esto es justo lo que hacemos cuando aparece algo realmente importante en nuestras vidas, encontramos una forma de ajustarlo a nuestro horario. Entonces si esto es así… piensa, ¿hay alguien más importante que tú? Puedes pensar que, tus hijos, tu marido, tus padres… pero, la persona con la que tienes que pasar el resto de tu vida es contigo, y te aseguro que si tú no estás bien físicamente y psicológicamente, nada de lo que esté cerca de ti puede estar bien, por eso tú tienes que ser la prioridad en tu vida.

Imagina que tú eres un vaso de agua, si el vaso del agua está lleno de agua sucia, ¿qué tipo de agua estás ofreciendo a tus seres queridos para que beban?

Los estarás contaminando de agua sucia, pero si tú te renuevas, limpias y llenas el vaso de agua cristalina y limpia, entonces ¿qué estarás ofreciendo? VIDA.

Si haces tiempo para ir a tomar un café con amigos, o salir a tomar una cerveza, sin duda, puedes hacer tiempo para hacer algo de ejercicio, que a la larga te dará una mejor calidad de vida, después ya podrás salir a tomar algo y ese algo podría ser agua, ya sé que estás pensando ¿AGUA?… jejeje. Tranquilo, toma lo que quieras. Lo quiero decir, es que la conversación que normalmente tenías con el café o cerveza, ahora pueda ser de mejor contenido y más claridad, como el agua.

En mi caso por ejemplo yo practico pilates, lo hago a mediodía.

Te puedo asegurar que al principio era todo un sacrificio, pero cuando encontré el deporte que me gusta e integré el hábito, mejoré el rendimiento, el nivel físico y mental.

Además tengo la suerte de que tener una hermana que es profesora de Pilates de la cual he obtenido grandes recomendaciones, las cuales quiero compartir con vosotros, de por qué practicar el Método Pilates.

No hace falta ser mujer, hombre, adolescente , niño o anciano, la verdad es que el Método Pilates es un método de acondicionamiento físico que puede practicar cualquier ser humano independientemente de su condición física, ya que es una técnica adaptable a las necesidades de cada persona. Esto unido al progreso que el practicante nota en su cuerpo lo hace un método muy eficaz.

No olvidemos que además el método también busca recuperar el movimiento natural del cuerpo así como fortalecer la espalda y reeducar la postura.

Cuando uno empieza a practicar Pilates se da cuenta de que no solo está practicando ejercicio físico sino que además permite alcanzar el control de la mente sobre el cuerpo, de hecho al principio su creador lo llamó "Contrología", lo cual define la esencia del método, la relación cuerpo-mente.

Si tengo que elegir entre otras opciones de acondicionamiento físico para mantenerme en forma sin duda volvería a elegir el Método Pilates porque me ayuda a tonificar el cuerpo y mejorar la fuerza, flexibilidad y coordinación.

Fortalece la musculatura abdominal creando una faja natural que ayuda a proteger mi espalda mejorando mi salud postular y aliviando dolores y contracturas.

Además se trabaja intensamente sin impacto en las articulaciones, mejora la circulación sanguínea, así como aumenta la densidad ósea previniendo la osteoporosis.

Si alguien aún cree que Pilates es aburrido y no supone esfuerzo alguno, o que no es el ejercicio indicado para él, les invito a que busquen un centro especializado donde impartan clases personalizadas y lo prueben, estoy segura de que cambiarán de opinión.

Como dijo Joseph Pilates "Con 10 sesiones notarás la diferencia, con 20 sesiones verás la diferencia, con 30 sesiones tu cuerpo habrá cambiado."

IX

HÁBITO

OBJETIVOS SMART

Es imprescindible definir objetivos SMART esta es una herramienta que te va ayudar a crear tus metas con inteligencia.

Plantear objetivos SMART ayudará no solo a conocer qué estamos vendiendo, sino a prever y tratar ciertos problemas que nos puedan surgir en el camino.

Para cumplir de forma óptima con los objetivos de ventas, los reportes y el análisis de datos, esta herramienta te permitirá saber en qué estado se encuentra cada una de tus metas; qué está funcionando y, por último, qué es lo que falla, para tomar decisiones.

El término SMART lo acuñó el profesor e investigador George T. Doran en 1981 en su documento *There's a S.M.A.R.T. Way to Write Management's Goals and Objectives*, publicado en la revista *Management Review*. En el artículo definió las cinco características que definen un objetivo inteligente.

Características de los objetivos SMART.

Las metas SMART hacen referencia a estos acrónimos:

S – *Specific* (Específico)

¿Qué queremos conseguir y cómo lo vamos a hacer?

Tu cerebro debe entender con claridad qué es lo que quieres conseguir. Para responder a estas cuestiones has que ser lo más concreto y claros posible, ya que es lo que te guiará el resto del camino y hará que tomes la acción más indicada en cada momento o piedra que encuentres por el camino.

M – *Measurable* (Medible)

Marcarnos objetivos de ventas medibles, nos permitirá analizar y tomar mejores decisiones respecto a ellos o cualquier piedra o imprevisto que pueda aparecer en el camino. Nos permitirá saber cuánto camino hemos recorrido y cuánto nos queda para llegar a la meta y obtener el resultado esperado.

EJEMPLO: Si quieres aumentar un 3% las ventas de este trimestre, solo tienes que saber el total de las ventas del trimestre pasado y calcular el 3%. Imaginemos que las ventas del anterior trimestre fueron de 2000 euros, el objetivo sería vender en este trimestre 2060 euros.

A – *Achievable* (Alcanzable)

Debes tener hambre por vender pero debes saber que no todos los días puedes comer mariscada, es decir un objetivo grande, pero posible. Sé razonable, crítico y analítico, de tal forma que sean alcanzables de conseguir, de esta manera lograrás motivarte.

En este caso también puedes hacer uso de la ley de Pigmalión o profecía autocumplida, que dice que si crees que puedes como si no, así será.

Puedes hacerte estas preguntas que te ayudarán a aclarar si el objetivo es alcanzable o no.

¿Qué me hace pensar que no es posible?

¿Alguien más lo ha conseguido?

Si es así, ¿quién?

¿Qué me impide no conseguirlo, yo?

R – *Relevant* (Realista)

Las metas de un vendedor deben ser realistas con respecto a nuestra cartera de clientes pero, sobre todo, para nosotros. No puedes marcarte metas, pensando o confiando en tus clientes, debes centrar toda la atención en ti, en tus habilidades y en las herramientas que posees, aquí también deberás tener en cuenta la estrategia de tu empresa, no puedes saltarte la política de empresa, con tal de conseguir tus resultados. Hay que saber diferenciar lo que es alcanzable, con lo que es realista, para esto es importante que seas consciente de quién eres, dónde te encuentras, los recursos que dispones y los recursos que necesitas, si esos recursos están en tu mano, o puedes llegar a ellos de alguna manera, para la consecución del objetivo.

EJEMPLO: Si quieres ser el mejor vendedor del mundo, pero resulta que tienes 50 años y acabas de comenzar tu carrera de vendedor, quizás podrías ser un gran vendedor, pero llegar a ser el mejor del mundo es bastante surrealista, porque ¿cuánto tiempo necesitas para llegar a ser el mejor del mundo? No tienes horas, ni la misma energía que pueda tener un vendedor de 20 años que acaba de comenzar.

T – *Timely* (A tiempo)

¿Cuánto tiempo va a llevar cumplir estos objetivos?

Es imprescindible agendarlo, marcar un tiempo límite en el que se deberán conseguir. De lo contrario, el objetivo se podría ir postergando y jamás se terminaría de cumplir.

Objetivo SMART: Aumentar un 3% las ventas de este trimestre, (2000 a 2060 euros trimestrales) en los próximos 3 meses, ofreciendo más productos y servicios a los clientes ya existentes.

La Diferencia Entre Un Sueño Y Una Meta, Es La Fecha.

* S: Aumentar las ventas en un 3%.

* M: 3% (2000 a 2060 euros trimestrales).

* A: ofreciendo más productos y servicios a los clientes ya existentes.

* R: aumentar ventas mediante un seguimiento de los clientes ya existentes, detectar productos con los que poder ayudar a mejorar.

* T: 3 meses.

Es SUPER IMPORTANTE que los objetivos estén formulados siempre en positivo.

Por ejemplo:

Imagínate que vas a participar en una maratón y tu objetivo es, "no llegar el último" en este caso, estarías poniendo el foco en la última posición, con lo cual tu estado emocional estaría enfocado en estrés y agobio, por no querer ser el último.

Hazte estas preguntas, y formula el objetivo en positivo.

* ¿QUÉ? Ganar la maratón.

*¿CUÁNTO? El tiempo que te propongas.

*¿CÓMO? Entrenando todos los días y cuidando mi alimentación.

*¿CON QUÉ? Fuerza de voluntad, buen equipaje, preparación.

*¿CUÁNDO? 12 meses.

X

HÁBITO

PLANIFICA TUS DÍAS Y TUS VENTAS.

Una de las cosas que me gusta de ser vendedora es que yo soy la responsable de mi tiempo y de mis ingresos, de aquí he adquirido la habilidad de la responsabilidad, tanto de mi vida como de mis ventas, muchos vendedores no tienen el hábito de la responsabilidad bien arraigado, se pasan el día en actividades improductivas, desperdiciado tiempo que no generan resultados y por lo tanto tampoco generan ingresos. Recuerda que como haces una cosa las haces todas, y si no eres una persona responsable de tus ventas, tampoco lo serás de tu vida.

Antes de subirte al barco, tienes que saber el rumbo a donde te quieres dirigir, no hay viento favorable para un barco sin rumbo.

No hay viento favorable si no sabes dónde vas. Antes de salir a vender debes de tener el día planificado, porque sin una agenda bien planificada, irás a los clientes por inercia, rutina u obligación, con esta actitud, puede que seas arrastrado por la corriente. Tener tu plan diario, es tu hoja de ruta y esto te va ayudar a definir los pasos que tiene que realizar para conseguir tus objetivos.

Es cierto que la mayoría de vendedores que trabajan para una empresa ya tienen diseñados los objetivos que demanda la empresa, pero te propongo que aparte diseñes tú mismo tu propio plan de ventas, para marcar tu rumbo y tus estrategias, con esto lograrás hacerte más responsable de tu cartera y de tus propios resultados. Es como trazar una línea recta, si te sales de la línea podrás verlo y analizar la desviación, si esto sucede poder detectarlo a tiempo y rectificarlo.

Un plan no tiene por qué ser inamovible, al contrario el plan te va a servir para hacerte consciente de cuándo hay que cambiar y pasar al plan B, igualmente te va a servir para que puedas ver tus aciertos y sus motivos, más ventajas de planificarte puede ser la de enfocarte en el camino a seguir y evitar así distracciones, tener un mayor control y visibilidad hacia tus objetivos.

Ya sé que estarás pensando que el mundo del vendedor es muy variable y que es imposible saber lo que va a pasar, que hay cosas que no dependen de ti y que todo puede cambiar.

Pero piensa en esto.

¿No será mejor haber contemplado con antelación todas las posibilidades y escenarios posibles?

Después sucederá lo que tenga que ocurrir, unas visitas saldrán otras no, unos pedidos saldrán, otros se caerán, te cogerán el teléfono o no, no pasa nada, todo es perfecto, pero haber previsto todas las opciones y además saber entender tu mente te permitirá estar más preparado.

Existe una ley denominada LEY DE PARETO, también conocida como la regla del 80/20, establece que, de forma general y para un amplio número de fenómenos, aproximadamente el 80% de las consecuencias proviene del 20% de las causas. O lo que es lo mismo.

EL 20% DE TUS ACTIVIDADES TE DA EL 80% DE TUS RESULTADOS

Vamos a verla.

¿Me acompañas?

REGLA 80/20.

Wilfredo Pareto fue un economista italiano afincado en Francia que allá por el siglo XIX detectó que el 20% de la población de París poseía el 80% de la riqueza.

De hecho si toda esa riqueza se repartiera entre los habitantes de París en menos de 5 años los que fueron pobres volverían a serlo. Igualmente ocurriría con los que fueron ricos. Estos volverían a serlo. El motivo de que esto ocurriera sería causado por la inteligencia financiera, la educación financiera es de vital importancia y la recomiendo, a la hora de saber manejar nuestro dinero.

No quedando tranquilo con este descubrimiento se dio cuenta de que no solo se aplicaba a este caso, sino a todo lo que iba analizando. Desde niveles económicos hasta cosas del día a día. Como por ejemplo la ropa que sueles usar. El 80% del tiempo usas el 20% de tu ropa.

Wilfredo anunció un principio al que se llamó ley de Pareto, regla del 80/20 o ley de los pocos vitales. Este principio decía que el 80% de tus resultados son originados por el 20% de los esfuerzos.

Esta ley se puede resumir en algunas de estas afirmaciones.

* El 20% de los vendedores genera el 80 % de los ingresos de las ventas.

* El 80% de las quejas de los clientes se enfocan en el 20% de productos o servicios que se ofrecen.

4- El 20% de los vendedores contacta al 80% de clientes.

5- El 80% de las ventas se obtienen del 20% de los productos.

Si quieres ver si esta ley es real, revisa tu cartera de clientes y verás cómo el 80% de tus ventas te las da el 20% de tus clientes potenciales, y no porque les dediques más tiempo o te vayas a comer con ellos, sino porque son los más importantes. Esto es algo que quizás en otra época sí que funcionaba, pero actualmente las comidas de negocios ya no son lo que eran. Esto es algo que se tiene muy claro en la cultura china, donde está prohibido hablar de negocios durante la comida.

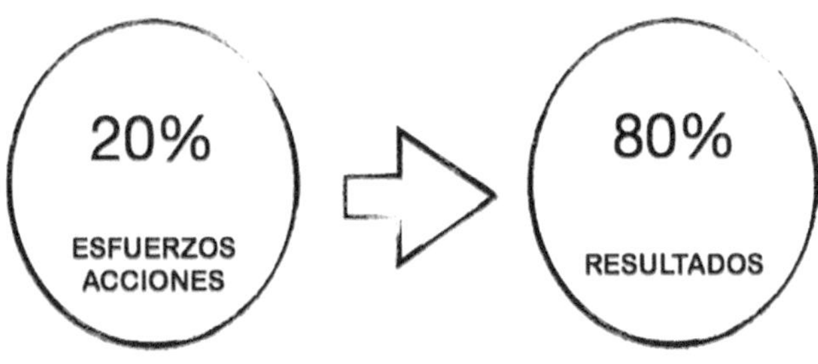

Mediante esta ley podemos observar que no existe el 50/50. Tu trabajo con esta regla es detectar qué tareas son las que te llevan a dar el 80% de tus resultados, para dejar de dedicarle tiempo a cosas que te van a dar el 20% de resultados. Haciendo esto podrás detectar que si tu cartera te absorbe, sientes que no puedes vender más o atender como corresponde a algunos clientes, una buena opción sería asegurarte de atender personalmente al 20% de clientes potenciales y delegar el resto a tu equipo o compañeros de oficio.

Ya estamos llegando al final del libro y quiero despedirme con un gran recomendación y es que EL BUEN

VENDEDOR ES AQUEL QUE ASPIRA A SER ÚTIL. Lo que quiere decir que ayudes a los demás a través de tus productos o servicios, y el resto vendrá por añadidura, esto es lo que te va dar la felicidad, alegría y pasión por tu profesión.

Aspirar a más forma parte de la auténtica naturaleza divina. Elévate en tus ventas, aspira por todos los medios a ser cada vez mejor y mejor vendedor, sigue siempre adelante, pero con la convicción de que estás vendiendo por pasión. Sólo entonces estarás haciendo lo que realmente te guste. No pienses ni un sólo momento en vender porque te vaya a dar algo para comer. La vida es muy corta ¿de qué sirve hacer algo que no te gusta? ¿De qué te sirve vender, si no te gusta? ¿Qué clase de vida sería esa? ¿Qué estarías aportando, pues, a los demás? Más que ganarte la vida, sería ganarte la muerte. Más que vendiendo estarás malvendiendo. No vendas para ser feliz, sé feliz y en consecuencia venderás más y mejor. Tienes derecho a ser feliz y por supuesto a vender felicidad, esto es lo que te va ayudar a obtener abundancia, no solo económica, sino abundancia propia, abundancia en el plano familiar, es lo que te va hacer sentirte como un vendedor realizado, no el ganar por ganar, ni el vender por vender, sino el ser feliz incluso en tu trabajo, vendiendo. Tus ventas es un reflejo de lo que tú eres, si esto no te hace feliz ¿entonces por qué lo haces? Ama tu trabajo porque este es un reflejo de lo que tú eres. Todo el mundo puede amar su trabajo en el momento que entienda qué está haciendo y por qué.

Nadie debe de vender por vender.

Busca tu felicidad y proyéctala a través de tus ventas ¡HÁLLALA! No te conformes con menos.

Quiero recordarte la importancia de permanecer en:

GRUPO DE VENDEDORES COMPROMETIDOS.

Si ya has tomado la decisión de ser un vendedor exitoso, vamos a crear un grupo de vendedores comprometidos.

¿Has oído alguna vez el dicho: DIME CON QUIÉN ANDAS Y TE DIRÉ QUIÉN ERES?

Es totalmente cierto, porque vibraciones similares vibran juntas, lo que quiere decir que tus pensamientos y emociones emiten una señal y las personas con las que más tiempo pasas están emitiendo la misma señal.

Dicho de otro modo, en el universo nada reposa, todo se mueve, es decir, desde el TODO como principio creador, hasta la materia, todo es vibración, todo es energía que sintoniza con aquellas variables de la vida que emiten la misma señal y son atraídas entre sí por ley de atracción.

Pero:

¿Cómo sé qué vibración emito?

Si tienes un pensamiento, este emite una vibración, este pensamiento desencadena una emoción y esta otra vibración.

Nuestros pensamientos y emociones están conectados y uno desencadena el otro y viceversa.

EJEMPLO:

Si yo digo la palabra VENTAS, cualquiera de nosotros solo de pensarla emite una vibración, este pensamiento será positivo o negativo, depende de tus creencias y tu experiencia.

Es inevitable emitir una vibración, aunque no seas consciente de ello, es así.

Entonces, si todo en el universo vibra, dependiendo de la frecuencia que sea predominante en ti, la que emana de tus pensamientos y emociones, es lo que va a empatizarse contigo.

Así de simple.

Generalmente no somos conscientes de lo que esto significa, porque no lo podemos ver, pero es así, nuestros pensamientos atraen una vibración igual, situaciones, personas, trabajo, dinero, salud… etc., y lo hacemos por defecto.

Si haces consciencia de esto, entenderás la importancia de por qué pertenecer a un grupo de vendedor@s con similares objetivos, mismas vibraciones, desarrollo en el crecimiento profesional y personal, en el mismo proceso donde tú te encuentras ahora o donde quieres llegar, cambiando tus pensamientos, tomando acción, inspirándote para llevar a un siguiente nivel tus ventas y lograr tus objetivos, todo lo que estás haciendo con este libro y sintiéndote acompañado en este proceso.

Ya sabes que el primer cambio empieza por ti y por tu mentalidad. Con todo el cambio estás aumentando la vibración, solamente leyendo y haciendo los ejercicios de este libro ya estás reacondicionando tu mente, estás leyendo y pensando en palabras de más alta vibración, ahora también sabes que tu interior refleja tu exterior, por eso tu entorno tiene que cambiar.

Uno de los problemas que tuve yo cuando me comprometí a cambiar fue mi entorno, mi vibración cambiaba, estaba cada día más comprometida, mi nivel de energía era superior, me di cuenta de que la sociedad no estaba comprometida con todo esto y me sentía sola, entonces sin darme cuenta volvía a bajar el nivel a la altura de las circunstancias y esto lo único que hacía es alargar el proceso.

Este es el motivo por el cual no quiero que a ti te pase, tú no tienes que permitir esto, tus sueños deben estar por encima de todo.

Para que esto no ocurra, he creado el grupo de vendedor@s comprometidos, un grupo donde todos los miembros miremos en la misma dirección, comprometernos con nuestras metas en las ventas, un grupo de personas que hayan leído este libro, sabremos que están comprometidas por que habrán generado una vibración de engría con un mismo patrón de crecimiento, basándonos en todo lo que hemos aprendido, con la misma base creada, desarrollada y experimentada en este libro, es decir nos entenderemos "hablando el mismo idioma".

El grupo creará un filtro natural de personas comprometidas, todos los miembros de este grupo sentirán que la adquisición de este libro no ha sido un gasto, sino una inversión.

En el grupo, estudiaremos el libro, compartiremos ejercicios, técnicas de ventas, anécdotas, nos impulsaremos los unos a los otros a vender con valores, ayudándonos entre nosotros, podemos generar sinergias para nosotros y con nuestros clientes y así aumentar nuestra cartera, conocernos, exponer cada uno nuestros objetivos… etc.

Con esta nueva energía del grupo, ya no te sentirás solo, estarás acompañado de vendedores que piensan como tú.

Ya sabes que algunos vendedor@s pasan mucho tiempo solos y en alguna ocasión se juntan a tomar café con algún compañero. He podido observar que en bastantes ocasiones el tema de conversación suele ser negativo, en estas conversaciones se suelen escuchar frases como:

Está todo vendido, hace calor, hace frío, la competencia, voy a ver si hay suerte… etc. Entrando en un bucle cargado de energía negativa que nos absorbe y no nos permite avanzar hacia nuestros objetivos.

Esto es lo que tenemos que evitar en el grupo, trabajaremos para que el objetivo sea este, hacer totalmente lo contrario, impulsaros, motivaros, con ganas e intención para lograrlo.

¡Únete a este sueño!

Dejar un mundo de vendedor@s comprometidos, abundantes y felices, vendiendo y ayudando a los demás con sus productos, haciendo de su profesión su pasión.

Sé que al principio puede resultar algo fantasioso e incómodo, pero nada más lejos de la realidad, la satisfacción de conseguir las ventas a través de este cambio de energía, te cambiará la visión de la vida y atraerás muchas más ventas con placer profesional y personal cambiando tu filosofía de vida.

¡Nunca dejes de soñar!

Solo tienes que salir de tu zona de confort y ponerte ahora incómodo, vender tiene que ser tu obsesión, déjate la vida en ello si es necesario, haz ahora lo que nadie hace para después vivir como nadie puede. Ahora tienes energía y vitalidad, aprovéchala.

¿Sabes?

Cuando me junto con vendedores ya retirados o a punto de retirarse siempre me dicen lo mismo.

- Si yo fuera joven volvería a elegir esta profesión, me formaría e implicaría para vender más que nadie, disfrutaría al máximo del arte de vender.

Tú ahora estás en el punto donde estaban ellos hace años, pero pronto tu vida habrá terminado y te preguntarás:

¿Que hice con este regalo que se me dio?

¿Lo aproveché al máximo?

¿Te has dado cuenta de lo rápido que pasa el tiempo?

¿Qué vas hacer para acercarte a tus sueños y cambiar todo lo que no te gusta de tu vida y tus ventas?

Hay una frase de Buda que dice:

EL PROBLEMA DE LA HUMANIDAD ES QUE SE CREE QUE TIENE TIEMPO.

No existe el tiempo adecuado para empezar, solo existen oportunidades perdidas.

HA LLEGADO EL MOMENTO DE ELEGIR… ¿TE COMPROMETES?

¡LO QUE DAS VUELVE A TI MULTIPLICADO!

Si te ha gustado este libro y crees que puede ayudar a otras personas, si te has sentido identificado con estos principios, si te ha dado paz, si crees que has aprendido algo útil para tu vida y tus ventas, si te has sentido más feliz, si te ha inspirado, si has sentido algo de esto en algún momento del libro y quieres ayudarme de corazón. Entra en la página de Facebook; Carolina Rodrigo Fuentes "PIENSA, VENDE, AMA". Dale a me gusta y comencemos a compartir todo lo que has aprendido, interactúa con las personas del grupo, lo importante es que se cree esta mentalidad y podamos ayudarnos a dejar un mundo mejor.

Para que más personas puedan unirse a este grupo y utilizar lo aprendido en este libro, puedes hacerte una foto con el libro, acompañándola con el comentario:

YO PIENSO, VENDO Y AMO ¿Y TÚ?

Compártela en:

INSTAGRAM, FACEBOOK.

También puedes contactar conmigoy enviarme tu foto con el libro a través de:

Facebook: CAROLINA RODRIGO FUENTES

Instagram: #carolinarodrigofuentes.

Web. www.carolinarodrigofuentes.com

Espero que me escribas y me cuentes tu experiencia después de haber leído el libro, estaré encantada de escucharte.

GRACIAS, ESTOY ENTUSIASMADA POR TUS EXITOS

"La Voz de tu Alma"

Querido lector, quiero hablarte de nuevo del libro que cambió mi vida para siempre y su autor, LAIN porque gracias a él tú estás leyendo ahora este libro.

La Voz de tu Alma con todo respeto, es mi Biblia personal, un libro que todo el mundo debería leer por lo menos una vez en su vida, es un manual donde Lain explica los principios de las leyes universales de una manera tan sencilla, práctica y amena que hasta un niño podría entender.

Puede sonar como mágico pero desde el momento que el libro llega a tus manos, puedes notar la energía que desprende, conforme vas leyendo tu vida ya no vuelve a ser la misma. Es un libro que está bendecido para bendecir.

Gracias infinitas, Lain, por tu gran misión de vida, gracias a ti y a tus libros porque cada vez somos más personas dejando nuestra semillita para contribuir a dejar un mundo mejor, porque estuvimos en él.

Si tú también quieres dejar tu semillita, entra en:

www.laingarciacalvo.com

BIOGRAFÍA

Soy Carolina, me dedico al mundo de las ventas, me apasiona el crecimiento personal y espiritualidad, soy emprendedora, inversionista, ex empresaria en dos ocasiones. Pero todo esto es solo una identidad. He tenido y tendré muchos roles pero al final solo sé que no se nada ni seré nada, solo un alma encarnada en un cuerpo humano.

Desde que era joven a tenido muy claro los valores, educación y respeto hacia las personas, si algo me define es mi honestidad y humildad " esto no ha sido siempre un punto a mi favor " (ESO PENSABA Y ME DESCOLOCABA) hasta que me pregunté: ¿CÓMO PO-DRÍA GESTIONAR ESTAS EMOCIONES Y OBTE-NER BENEFICIO? Estaba convencida de que se podía y comencé a buscar, y cuando uno busca encuentra.

No solo busqué sino que experimenté y cuando fui capaz de gestionarlas y entender cómo funciona la mente y las leyes universales mis posibilidades crecieron de forma inmediata tanto a nivel personal como profesional.

¿Y AHORA QUÉ HACER?

Obtén tu Guía para poder conectarte cada día con tu poder de vendedor, reflexionar de todos estos aprendizajes. La repetición es la madre de la retención. No dejes en manos de nadie tus ventas, podrás acudir a ella en cualquier circunstancia o momento en el que te alejes de la pasión por tu profesión. Aún falta mucho por explicar, mucho por aprender, mucho por descubrir.

¡MUCHO MÁS!

Por qué no descubrirlo día a día.

VOLUMEN III.

VEN-DÉ. Una guía para conectarte cada día con tu poder de vendedor.